Paul Michael Zulehner

Kleine Lebenswelten

Zur Kultur der Beziehungen zwischen Mann und Frau

BONIFATIUS
Druck · Buch · Verlag
PADERBORN

Imprimatur. Paderbornae, d. 21. m. Julii 1989
Nr. 1/A 58-22.3/191 – Vicarius Generalis Bruno Kresing

CIP-Titelaufnahme der Deutschen Bibliothek
Zulehner, Paul M.:
Kleine Lebenswelten: zur Kultur der Beziehungen zwischen Mann und Frau / Paul Michael Zulehner.
- Paderborn: Bonifatius, 1989
ISBN 3-87088-608-0

ISBN 3-87088-608-0

Gesamtherstellung:
Bonifatius GmbH Druck · Buch · Verlag Paderborn

Paul Michael Zulehner

KLEINE LEBENSWELTEN

Inhalt

Vorwort 7

Als Mann und Frau schuf er sie . . .

Für eine christliche Ökologie der Beziehungen 13

I. Das Streben nach dem Ganzen 16
1. Eros 16
2. Gottes Lebenswille 18
3. „Leben enstammt der Begegnung" 19

II. Überlebensorte 20
1. Menschliches Leben steht auf zwei „Beinen" 20
2. Beziehungsmöglichkeiten 21
3. Beziehungen sind Leben, Beziehungslosigkeit ist Tod 22
4. Lebensheiligtümer 24

III. Bedrohungen 28
1. Nichterfüllung 29
2. Pessimistischer Individualismus 29
3. Areligiöse Überforderung 34

IV. Beziehungskultur 36
1. Neue Werthierarchie 38
2. Leben mit Beziehungsgrenzen: Treue 39
3. Keine Einebnung von Beziehungen 42
4. Gerechte Verteilung von Lebenschancen . . . 44
5. Wider die Beziehungs-Ausbeutung 45
6. Zähmung der Daseinsangst 46

Nichteheliche Lebensgemeinschaften . . . 49

I. Analysen 50
1. Privatisierung der Mann-Frau-Beziehung . . . 50
2. Beziehungstypologie 55
3. Typologie von Öffentlichkeiten 57
4. Glaubenssituation 59

II. Pastorale Handlungsmodelle 60
1. Die Tauben 61
2. Die Falken 61
3. Ein verantwortlicher Mittelweg 62

Scheidung, was dann . . .?
Fragment einer katholischen Geschiedenenpastoral 75

I. Erfahrungen, wissenschaftlich bedacht 77

II. Und wir als Kirche? 83

Vorwort

Vom Gelingen der Zweierbeziehungen wird von den modernen Bürgern in wachsendem Maße ihr Lebensglück abhängig gemacht. Zugleich scheitern aber immer mehr Beziehungen, trauen sich auch zunehmend viele Menschen zumal lebenslange Beziehungen nicht mehr zu und lassen sich deshalb auch nicht mehr trauen. Der ausgeprägte Wunsch nach verläßlichen und dauerhaften Beziehungen, die wie heimelige Wohnstätten sind, steht somit der wachsenden Enttäuschung gegenüber, daß solche Beziehungen immer weniger gelingen. Vielleicht ist es aber auch umgekehrt: Aus dem Mißlingen wächst der Wunsch nach solchen Beziehungen. Das Scheitern wird zur Quelle einer neuen Bemühung um das Gelingen von Liebe in Treue, und dies auf ein Leben lang.
Der Weg dahin ist lang und mühsam. Eine einmal gewachsene Unkultur kann nicht von heute auf morgen in eine neue tragfähige Kultur verwandelt werden. Dazu braucht es Laboratorien mit Menschen, die Erfahrungen mit einer solchen neuen Beziehungskultur sammeln und diese erprobten und geläuterte Erfahrungen anderen Menschen in unserer Kultur zugänglich machen. Zudem werden neue Beziehungsenergien benötigt, Kräfte, die in der Kultur zur Zeit offenbar rar sind. Dabei ist es tragisch, daß gute alte Quellen für viele Menschen verschüttet sind, obwohl es diese Quellen durchaus immer noch gibt. Das gilt insbesondere für die „antiquierten" (Günter Anders) christlichen Quellen. Leider haben es die Christen und ihre Kirchen geschafft, daß die Bürger diesen überlieferten religiösen Lebensweisheiten nicht mehr trauen. Sagen nicht viele junge, aber auch alte Bürger, daß man wählen muß zwischen Kirche und Leben? Allerdings ist

inzwischen klar, daß die Abwahl der Kirche keineswegs von selbst mehr Lebenschancen eröffnet.
Die folgenden Beiträge sind aus einer seelsorglichen Solidarität mit modernen Menschen geschrieben, die sich auf dem Weg zu einer neuen Beziehungskultur aufgemacht haben, oder zumindest in sich den Wunsch verspüren aufzubrechen, ahnend, daß ihnen zu wenig Beziehungskultur zur Verfügung steht. Zudem leben diese Beiträge aus einem tiefen Vertrauen darauf, daß in den christlichen Traditionen durchaus auch für heute Lebensweisungen enthalten sind, die Elemente der erhofften neuen Beziehungskultur sein können. Das heißt auch zugleich, daß ich mich mit der von vielen Bürgern beanstandeten Tatsache nicht abfinden will, daß man einen Bogen um Christentum und Kirche machen müsse, will man zu einer verantworteten Beziehungskultur finden.
Allerdings gestehe ich den Kritikern des Christentums zu, daß die Kirchen diese Quellen keineswegs immer ausreichend offengehalten haben. Sie selbst haben viel moralistischen Schutt in sie geschüttet und so dazu beigetragen, daß die Menschen den Zugang zu den befreienden Quellen des Evangeliums verloren haben. Daraus folgere ich aber nicht, daß das Evangelium für eine Kultur der Liebe nichts mehr zu sagen habe, sondern daß vielmehr der störende Kirchenschutt abgeräumt werden muß. Es geht nicht an, daß weiterhin das Evangelium von einer mystischen Lebensweisheit auf eine lebensfeindliche, weil unbiblische Kirchen-Moral verengt wird. Vielmehr brauchen wir – über die wissenschaftliche Moraltheologie hinaus, die sich längst auf den Weg gemacht hat – eine neue christliche Moral in der Öffentlichkeit der Kirchen, die Ausdruck des Lebenswillens Gottes für den Menschen ist, die also im Umkreis des Geheimnisses Gottes selbst angesiedelt ist. Nur dann wird nämlich der Mensch jenem Bannkreis der Angst und des gegenseitigen Mißtrauens entrinnen, das die Wurzel moderner Beziehungsarmut ist. Im Umkreis des

aus Glauben geborenen Vertrauens kann Liebe hingegen wachsen.
Solches Erschließen alter biblischer Lebensweisheiten muß „kontextuell“ geschehen. Die Voraussetzungen heutigen Lebens müssen aufmerksam wahrgenommen werden. Zu diesen zählen vor allem die keineswegs ausgerotteten Sehnsüchte, Wünsche und Hoffnungen der Menschen: nach einem Leben im Frieden; nach einem unverwechselbaren Namen, nach Wachsen und Wurzeln. Voraussetzung für unsere Reflexionen ist auch das Wissen, daß es für solche Grundwünsche, für diese nachweislichen „Lebensheiligtümer“ auch Orte gibt: Lebens-, ja Überlebensorte. Zwei Lebensorte sind besonders wichtig, nämlich Arbeit und Beziehungen. Lieben und Arbeiten sind somit Grundvorgänge jedes befriedeten Menschenlebens. Sie sind die beiden „Beine“, auf denen der Mensch durchs Leben geht. Was aber, wenn das „Bein“ Arbeit beschädigt ist? Wird dann das „Bein“ Beziehungen nicht von vornherein überbelastet? Was, wenn es auch in den Beziehungen nicht mehr geht? Wenn der einbeinig hüpfende Mensch lahm wird?
Wenn wir in den folgenden drei Beiträgen daher nur über die Welt der Beziehungen nachdenken, so ist das eine schwerwiegende Begrenzung für das Grundanliegen eines jeden Menschen, nämlich für die Suche nach einem „Leben in Frieden“, von dem Paulus schrieb, daß dazu uns alle Gott berufen habe (1 Kor 7,15c).
In der Auseinandersetzung mit den heutigen Lebensbedingungen genügt es dann auch nicht, nur die Beziehungen selbst anzuschauen und alte wie neue Weisheiten für ihre Gestaltung zugänglich zu machen. Es wäre nämlich zu wenig, würde man kranke Fische vorübergehend aus krankmachendem Wasser herausnehmen und heilen, um sie dann wieder ins alte schlechte Wasser zurückzugeben. Es geht vielmehr um beide Aufgaben: Fische heilen und das Fischwasser sanieren. In den folgenden Beiträgen liegt allerdings das Augen-

merk auf den Fischen. Auch das ist eine empfindliche Eingrenzung der anstehenden Thematik.
Es ist angebracht, den Leser dieser kleinen Beiträge einleitend noch auf folgende Aspekte aufmerksam zu machen:

– Wir behandeln nicht nur die Beziehungen in Ehe und Familie. Vielmehr gilt unser Interesse dem breiteren Thema einer Beziehungskultur. Das nicht zuletzt deshalb, weil ja nicht nur Ehe und Familie es heute offenkundig schwer haben, sondern die Beziehungsfähigkeit des modernen Menschen selbst geschwächt ist.
– Dazu kommt, daß die gegenwärtige Beziehungslandschaft außerordentlich verarmt ist. Für viele gibt es nur die Alternative, entweder beziehungslos zu leben (etwa als single) oder aber in einer (quasi) ehelichen Beziehung zu sein. Der Reichtum an Beziehungen zwischen Frauen und Männern, Männern und Männern sowie Frauen und Frauen (wer jetzt schon wieder gleich an homophile Beziehungen gedacht hat und dies zudem unbedacht negativ qualifiziert, ist eben Opfer dieser Verarmung!) ist unserer Kultur abhanden gekommen. Leider.
– Wir behandeln in unseren Beiträgen zwar Ehe und Familie, aber nicht ausschließlich. Sie sind nur eine Möglichkeit jener „kleinen Lebenswelt“, ohne die kein moderner Bürger im Frieden leben kann. Deshalb trägt das Büchlein auch den Titel „Kleine Lebenswelten“.
– Neben dem Hauptbeitrag über eine Ökologie der Beziehung zwischen Mann und Frau gibt es zwei Beiträge, die den Zugang zu sowie das Scheiden aus (ehelichen) Beziehungen betreffen. Wiederum sind es Überlegungen nicht allein über Ehepaare, also über den Zuweg zu und den Ausweg aus einer Ehe. Denn es gibt heute, ob uns Christen das gefällt oder nicht, viele Bürger, die mehr oder weniger verbindlich und auch über längere Zeit in einer Beziehung leben, ohne dieser die Gestalt einer herkömmlichen Ehe zu geben. Dabei entstehen Beziehungsaufgaben, die mit dem Heiraten unmittelbar nichts zu tun haben. Dasselbe gilt für das Scheiden aus

einer Beziehung. Zwischen Trennungen aus „nichtehelichen Lebensgemeinschaften" und der Scheidung von Ehen bestehen zwar Unterschiede, aber es gibt noch mehr gemeinsame Aspekte. Was daher im Beitrag über die „nichtehelichen Lebensgemeinschaften" steht, gilt in den meisten Aussagen auch für Eheleute. Umgekehrt betrifft der Beitrag über die Scheidung tendenziell auch unverheiratet Zusammenlebende.
Das in diesem Büchlein vom Bonifatius-Verlag dankenswerterweise veröffentlichte Material ist zunächst in Vorträgen erprobt und teilweise in Zeitschriften zugänglich gemacht worden. Es wurde für diese Publikation neu bearbeitet.
Das Büchlein erreicht seinen Sinn, wenn einige zu einer neuen Nachdenklichkeit über unsere moderne Beziehungskultur gelangen, in ihrer Beziehung vielleicht wieder Mut finden, das Scheitern einer Beziehung menschlicher überleben lernen und in all diesen Teilthemen auch neues Vertrauen in die antiquierten, aber deshalb nicht unverbrauchten christlichen Lebensressourcen gewännen. Denn was ist das Evangelium anderes als eine Einweisung des Menschen in jene Liebe, die Gott selbst ist und aus der heraus er uns erschaffen hat, damit auch unser Leben von Liebe erfüllt sei.

Wien, im Juli 1989 Paul M. Zulehner

Als Mann und Frau schuf er sie . . .

Für eine christliche Ökologie der Beziehungen*

„Zunächst müßt ihr Einsicht erhalten in die menschliche Natur und die Zustände, die sie durchgemacht hat. Ehedem nämlich war unsere Natur nicht dieselbe wie jetzt, sondern andersartig. Zunächst nämlich gab es damals drei Geschlechter von Menschen, nicht nur zwei wie jetzt, männlich und weiblich, sondern ihnen gesellte sich noch ein drittes hinzu, eine Verschmelzung jener beiden, von dem jetzt nur noch der Name übrig ist; selbst ist es verschwunden. Es gab nämlich damals ein mannweibliches Geschlecht, nicht bloß dem Namen nach, sondern auch als wirkliches Naturgebilde, aus beiden, dem männlichen und weiblichen zusammengesetzt, während es jetzt nur noch den Namen gibt, und zwar nur als Schimpfnamen. Ferner war damals die ganze Gestalt eines jeden Menschen rund, indem Rücken und Seiten eine Kugel bildeten; Hände aber hatte ein jeder vier und ebensoviele Füße und zwei einander völlig gleiche Gesichter auf einem kreisrunden Hals. Für beide einander entgegengesetzt liegende Gesichter aber hatten sie einen gemeinsamen Kopf, zudem vier Ohren und zwei Schamglieder und alles andere, wie man es sich hiernach wohl ausmalen kann. Man ging nicht nur aufrecht wie jetzt, beliebig in der einen oder anderen Richtung, sondern, wenn sie es eilig hatten, machten sie es wie die Radschlagenden, die mit gerade emporgestreckten Beinen sich im Kreise herumschwingen: auf ihre damaligen acht Gliedmaßen gestützt, bewegten sie sich im Kreisschwung rasch vorwärts. So gab es

* Dieser Beitrag stützt sich auf zwei Texte: einen Vortrag vor Soldaten des österreichischen Bundesheeres im Rahmen einer Enquete über Sexualität im Jahr 1988 sowie auf meinen Beitrag „Für eine christliche Ökologie der Beziehungen", in: Pastoralblatt für die Diözesen Aachen, Berlin, Essen, Hildesheim, Köln, Osnabrück 36 (1984).

denn der Geschlechter drei und von dieser Beschaffenheit; und das aus dem Grunde, weil das männliche ursprünglich von der Sonne stammte, das weibliche von der Erde und das aus beiden gemischte vom Mond; denn dieser hat teil an beiden, an Erde und Sonne. So waren sie denn, sie selbst wie auch ihr Gang, kreisförmig, weil sie ihren Vorfahren ähnlich waren. Sie waren demnach von gewaltiger Kraft und Stärke und von hohem Selbstgefühl, ja, sie wagten sich sogar an die Götter heran. Was Homer von Ephialtes und Otos erzählt, das gilt von ihnen: sie machten sich daran, sich den Weg zum Himmel zu bahnen, um den Göttern zu Leibe zu gehen.

Da hielten Zeus und die übrigen Götter Rat, wie sie mit ihnen fertig werden sollten, und waren in nicht geringer Verlegenheit; denn einerseits waren sie nicht in der Lage, sie zu töten und ihr ganzes Geschlecht zu vernichten durch Blitzschlag wie die Giganten – denn dann wäre es vorbei gewesen mit den Ehrenbezeugungen und Opfern von seiten der Menschen –, anderseits konnten sie auch ihrem Frevelmut nicht freien Raum lassen. Nach schwerem Nachsinnen sprach also Zeus: Ich glaube, ich habe ein Mittel, um einerseits das Fortbestehen der Menschen zu sichern, anderseits ihrer Zuchtlosigkeit ein Ende zu machen durch Schwächung ihrer Kraft. Ich werde fürs erste jeden in zwei Hälften zerschneiden, und die Folge wird sein, daß sie nicht nur schwächer, sondern auch uns nützlicher werden, weil sie an Zahl dann mehr geworden sind. Fortan werden sie aufrecht gehen auf zwei Beinen. Sollten sie aber weiter noch sich der Zuchtlosigkeit geneigt zeigen und nicht gewillt, Ruhe zu halten, so werde ich sie abermals in zwei Hälften zerschneiden, so daß sie auf einem Beine hüpfen müssen wie die Schlauchhüpfer. Gesagt, getan: er schnitt die Menschen in zwei Hälften, wie wenn man Vogelbeeren zerschneidet, um sie einzumachen. Und immer, wenn er einen zerschnitten hatte, wies er Apollon an, ihm das Gesicht und die Halshälfte nach der Schnittfläche umzudrehen, auf daß der Mensch angesichts der vollzogenen Zerschneidung sittsamer würde; im übrigen ließ er Apollon die Heilung vollziehen. Dieser drehte ihnen das Gesicht um, zog von allen Seiten die Haut über der jetzt Bauch genannten Fläche zusammen wie einen Schnürbeutel, indem er eine Öffnung ließ, die man jetzt Nabel nennt. Und die meisten Falten glättete er und fügte die Brust zusammen mit einem Werkzeug ähnlich wie es die Schuster haben, wenn sie über dem Leisten die Falten des Leders glätten; nur einige wenige ließ er zurück am Unterleib und Nabel, als Denkzeichen des ehemaligen Eingriffs.

Als nun so ihre ursprüngliche Gestalt in zwei Teile gespalten war, ward jede Hälfte von Sehnsucht nach Vereinigung mit der anderen getrieben: sie schlangen die Arme umeinander und schmiegten sich zusammen, voll Begierde, zusammenzuwachsen. So starben sie durch Hunger und Untätigkeit, weil sie keine Lust hatten, irgend etwas getrennt voneinander zu tun; und immer, wenn eine der Hälften dahinstarb und die andere noch übrigblieb, suchte die zurückbleibende eine andere, mit der sie sich umarmte, gleichviel, ob es die Hälfte eines Doppelweibes war, die wir jetzt Weib nennen, oder eines Mannes. Und so gingen sie zugrunde.

Da erbarmte sich Zeus und schuf auf andere Weise Abhilfe, indem er ihre Schamteile nach vorn versetzte; denn bisher hatten sie auch diese nach außen und zeugten und gebaren nicht ineinander, sondern in die Erde wie die Zikaden. Diese Verlegung nach vorn und die damit verbundene Erzeugung ineinander durch das Männliche in dem Weiblichen bewerkstelligte er in folgender Absicht: wenn bei der Umarmung ein Mann auf ein Weib träfe, so sollte zugleich eine Zeugung erfolgen zur Fortpflanzung des Geschlechts; wenn aber ein Männliches auf ein Männliches traf, so sollte das Zusammensein wenigstens zu einer Befriedigung führen, damit sie nun davon abließen und sich wieder der Werktätigkeit zuwendeten und sich der Sorge für die anderen Lebensbedürfnisse widmeten. Seit so langer Zeit also ist die Liebe zueinander den Menschen eingeboren. Sie führt das ursprüngliche Wesen zusammen und ist bestrebt, aus Zweien Eins zu machen und der menschlichen Natur Heilung zu schaffen."

I. Das Streben nach dem Ganzen

a) „Das Streben nach dem Ganzen nennt man Eros." (Platon)

b) „Es ist nicht gut, daß der Mensch allein bleibt." (Gen 2, 18)

c) „Die Qualität ihrer Beziehungen in Ehe und Familie empfindet eine große Zahl von Menschen als zentralen Maßstab ihres Wohlbefindens."[1]

1. Eros

Nicht nur die Theologie hat heute ein zunehmend neues Verhältnis zur Mythologie, da gerade in den Mythen in zeitloser Weise sehr gut zum Ausdruck kommt, was Menschen bewegt, wie sie mit ihrem Leben umgehen und versuchen, mit Problemen einigermaßen fertig zu werden.

Ich stelle einen sehr alten Mythos an den Beginn, in dem der griechische Philosoph Platon von einem Gastmahl berichtet, bei dem es um die Frage geht: „Woher kommt der Eros, d.h. die Beziehung zwischen den Menschen?" Für uns in der heutigen Kultur ist natürlich auffällig, daß damit nicht nur die Beziehung zwischen Mann und Frau, sondern auch die zwischen Männern bzw. Frauen gemeint war, wobei man historisch hinzufügen muß, daß die Mann-Frau-Beziehung für Platon die minderwertigste dieser drei Variationen darstellte.

Früher war – wie Aristophanes auf Platons Gastmahl erzählte – der Mensch anders als er heute ist, nämlich rund. Er hatte nicht nur zwei Arme und zwei Beine, sondern jeweils vier, auch zwei Gesichter und zwei Schamteile. Dieser runde Mensch war sehr mächtig, und

1 Horst Eberhard Richter, Engagierte Analysen. Über den Umgang des Menschen mit den Menschen, Hamburg 1978.

er konnte in eigenwilliger Weise Rad schlagend sich fortbewegen. Wenn die Mythologie von rund spricht, meint sie abgerundet, vollkommen, vollständig. Man kann das heute noch in der deutschen Sprache sehen, wenn von jemandem gesagt wird, er sei eine abgerundete Persönlichkeit. Der Kirchenlehrer Origenes behauptete, daß im Himmel alle Menschen rund, also Kugeln sein werden, weil erst das die Vollendung zum Ausdruck bringt. Sprachgeschichtlich ist auch aufregend, daß im Hebräischen „rund" in Zusammenhang mit dem Wort „schalamu" – „unzerstückelt sein" steht, wovon wieder das Wort „schalom" – „Frieden" abgeleitet wird. So können wir davon ausgehen, daß der Mensch am Beginn „schalom-unzerstückelt" und als solcher so mächtig war, daß er den Götttern gefährlich wurde und sich anschickte, nach dem Götterhimmel zu greifen. Deshalb beschlossen die Götter, diesen Menschen zu schwächen, nämlich zu halbieren. Zeus beauftragte Apollon, dieses zu tun. Als der Mensch aber halbiert war, mußte die Haut wie bei einem Sack zusammengezogen und abgebunden werden, und jeder sieht heute auf seinem Bauch die letzten Reste dieser göttlichen Transplantation: den Nabel als Erinnerung an die Tat der Götter und ihre Absicht, den Menschen zu schwächen. Seitdem, erzählt Aristophanes, ist jeder auf der Suche nach „seiner besseren Hälfte". „Eros" heißt demnach – und das ist eine ganz zentrale Definition – die Suche nach dem Ganzen, nach dem schalom. Um aber auch Nachkommen zeugen zu können, wenn die vermeintliche „bessere Hälfte" gefunden war, mußten die Schamteile nach vorne versetzt werden, was natürlich für die Auffassung über die Struktur der Sexualität außerordentlich interessant ist. Sexualität ist nämlich primär Begegnung von Mann und Frau und nicht Fortpflanzung. Das heißt, die symbolische Funktion von Sexualität ist vorrangig vor der generativen Funktion.

Im Vergleich zur biblischen Tradition ist hier festzuhalten, daß all das aus Angst der Götter vor dem zu vollkommenen Menschen geschehen ist.

2. Gottes Lebenswille

In der Bibel gibt es eine ähnliche Hintergrundgeschichte zur Suche von Mann und Frau nacheinander, aber einen anderen Gott: „Der Mann wird Vater und Mutter verlassen und seiner Frau anhangen und sie werden eins werden", heißt es dort, oder: „Es ist nicht gut, daß der Mensch allein bleibt." Wir begegnen also wieder diesem alten Mythos vom Ganzwerden, nur handeln in der Genesis nicht erschreckte Götter, die Angst vor dem zu mächtigen Menschen haben, sondern es ist ein Gott, der Leben gönnt. Die Suche nacheinander, das Miteinander sind Ausdruck des Lebenswillen Gottes zugunsten des Menschen:

Dann sprach Gott, der Herr: Es ist nicht gut, daß der Mensch allein bleibt. Ich will ihm eine Hilfe machen, die ihm entspricht. Gott, der Herr, formte aus dem Ackerboden alle Tiere des Feldes und alle Vögel des Himmels und führte sie dem Menschen zu, um zu sehen, wie er sie benennen würde. Und wie der Mensch jedes lebendige Wesen benannte, so sollte es heißen. Der Mensch gab Namen allem Vieh, den Vögeln des Himmels und allen Tieren des Feldes. Aber eine Hilfe, die dem Menschen entsprach, fand er nicht.
Da ließ Gott, der Herr, einen tiefen Schlaf auf den Menschen fallen, so daß er einschlief, nahm eine seiner Rippen und verschloß ihre Stelle mit Fleisch. Gott, der Herr, baute aus der Rippe, die er vom Menschen genommen hatte, eine Frau und führte sie dem Menschen zu.
Und der Mensch sprach:
Das endlich ist Bein von meinem Bein
und Fleisch von meinem Fleisch.
Frau soll sie heißen;
denn vom Mann ist sie genommen.
Darum verläßt der Mann Vater und Mutter und bindet sich an eine Frau, und sie werden ein Fleisch. Beide, Adam und seine Frau, waren nackt, aber sie schämten sich nicht voreinander.
Gen 2,18-25

Auch andere, uns weniger vertraute Texte der Bibel erzählen davon, daß es nicht gut ist für uns Menschen, wenn wir allein bleiben:

Zwei sind besser als einer allein, falls sie nur reichen Ertrag aus ihrem Besitz ziehen. Denn wenn sie hinfallen, richtet einer den anderen auf. Doch wehe dem, der allein ist, wenn er hinfällt, ohne daß einer bei ihm ist, der ihn aufrichtet. Außerdem:
Wenn zwei zusammen schlafen,
wärmt einer den andern;
einer allein – wie soll er warm werden?
Und wenn jemand einen einzelnen auch überwältigt,
zwei sind ihm gewachsen,
und eine dreifache Schnur
reißt nicht so schnell.
Koh 4,9-12

Eine schöne Frau macht das Gesicht strahlend, sie übertrifft alle Lust der Augen.
Hat sie dazu noch eine friedfertige Sprache, so zählt ihr Gatte nicht zu den gewöhnlichen Menschen.
Wer eine Frau gewinnt, macht den besten Gewinn: eine Hilfe, die ihm entspricht, eine stützende Säule.
Fehlt die Mauer, so wird der Weinberg verwüstet, fehlt die Frau, ist einer rastlos und ruhelos.
Wer traut einer Horde Soldaten,
die dahinstürmt von Stadt zu Stadt?
So steht es mit einem Mann, der kein Heim hat:
Er geht zur Ruhe, wo es gerade Abend wird.
Sir 36,27-31

3. „Leben entstammt der Begegnung“

Von den archaischen Mythen über die Bibel bis heute scheint klar zu sein, daß es kein menschliches Leben ohne Begegnung gibt. Der große Anthropologe und Philosoph Martin Buber hat zu Recht formuliert: „Alles wirkiche Leben entstammt der Begegnung.“ Niemand kann ohne Begegnung Mensch sein und Mensch werden. Was findet nun aber in diesen Begegnungen zwischen den Menschen statt?

II. Überlebensorte

Die kleinen Lebenswelten gelten heute als bevorzugter „(Über)lebensort"; in ihnen wird die wenigstens spurenhafte Erfüllung tiefer Lebenswünsche erwartet: der Wunsch nach Ansehen, Wachsen und Wurzeln.

1. Menschliches Leben steht auf zwei „Beinen"

Aus vielfältigen Erfahrungen, die von den Wissenschaften zusätzlich systematisch durchleuchtet wurden, wissen wir, daß menschliches Leben in dieser Weltzeit gleichsam auf zwei „Beinen" steht: das eine ist die Arbeit, durch die sich der Mensch an der widerspenstigen äußeren Welt abmüht und dabei seine Fähigkeiten entdeckt und entwickelt; das andere „Bein" sind die zwischenmenschlichen Beziehungen. Wenn sich unsere folgenden Ausführungen auf die Beziehungen beschränken, so soll dabei nicht vergessen werden, daß Arbeit für den Menschen unentbehrlich ist, und zwar nicht nur die gesellschaftlich verwaltete Arbeit (für die wir bezahlt werden), sondern auch die unbezahlte Arbeit, in der Freizeit, im Haushalt usw. Wer einmal mit einem arbeitslosen Menschen geredet hat, wird dies bestätigen können. Ein solcher Arbeitsloser bzw. eine solche Arbeitslose würde es als höchst zynisch empfinden, wollte man ihr oder ihm sagen: Mach Dir nichts draus, wenn Du keine Arbeit findest, dafür hast Du um so mehr Zeit für Beziehungen. Aber auch das Umgekehrte wäre schlimm. Gibt es nicht viele Menschen, die kaputtgehen, wenn ihre Liebesbeziehung zerstört wird: und dies, obwohl man sie um ihre Arbeit beneiden würde? Gewiß, gute Arbeit kann in einer solchen Beziehungs- und damit Lebenskrise hilfreich sein. Aber sie allein macht das Glück des Menschen nicht aus.

Im folgenden meinen wir unter Beziehung zwischen den Menschen nicht allein die eheliche Beziehung zwischen Mann und Frau. Vielleicht stehen wir, wie wir sehen werden, hier bereits vor einem der großen Probleme unserer gegenwärtigen Beziehungslandschaft, daß für viele Bürger Beziehung immer gleich identisch ist mit der Mann-Frau-Beziehung, und diese noch einmal in folgenschwerer Verkürzung eingeengt gesehen wird auf die eheliche Beziehung. Beziehungen gibt es aber in verschiedensten Formen: zwischen Eltern und Kindern, zwischen Geschwistern, zwischen Männern und Frauen, Frauen und Frauen, Männern und Männern (auch bei den letzten beiden Beispielen kann man etwas erahnen vom pathologischen Zustand unserer Beziehungswelt, denn wer denkt bei den Beziehungen zwischen Männern und zwischen Frauen nicht gleich und zudem zwiespältig an Homosexuelle, an Lesbierinnen?); es gibt Beziehungen von höchst unterschiedlicher Gradualität: zwischen Bekannten, Verwandten, Freunden, Eheleuten. Wird es uns gelingen, diese Vielfältigkeit von Beziehungen während unserer Überlegungen nie ganz zu vergessen?

2. Beziehungsmöglichkeiten

Beziehungen (vielfältiger Art) sind für ein gutes, versöhntes, glückendes, friedvolles Leben (welche Eigenschaftswörter sind wohl die besten?) unentbehrlich. Auf einen plakativen Nenner gebracht, könnte man sagen: Beziehungen sind Leben; Beziehungslosigkeit hingegen ist tödlich. Beziehungen sind insbesondere heute unentbehrliche Überlebensorte.

Wir entfalten im folgenden zunächst diese Kernthese, um dann weiter zu fragen nach den Beziehungen zwischen den Menschen in unserer gegenwärtigen Gesellschaft. Dabei wird sich zeigen, daß einerseits die Chancen, beziehungsreich zu leben, vielleicht noch nie in der Geschichte der Menschheit so groß und reichhaltig waren wie heute; andererseits werden wir auf gesellschaftliche Merkmale hinweisen müssen, die zu einer Art „verordneten Beziehungsarmut" führen. Thesenhaft können wir schon jetzt ankündigen: Wir sind mit den Beziehungsmöglichkeiten den Beziehungsressourcen des Menschen in unserer fortschrittstrunkenen Gesellschaft ähnlich „ausbeuterisch“ umgegangen wie mit den Ressourcen der Natur. Die Folge davon ist, daß die Beziehungsressourcen der Gesellschaft dabei sind, zur Neige zu gehen, erschöpft zu werden. Das hat aber zur Folge, daß wir an die Grenze des Kollaps unserer Beziehungssysteme geraten sind.

Es ist klar, daß von daher sich jedem, dem an unserer Gesellschaft und den Möglichkeiten menschlichen Lebens in ihr gelegen ist, die Frage stellt, was zu tun ist. Die Antwort auf die bedrohliche Ausbeutung der natürlichen Lebensgrundlagen unserer Gesellschaft ist die ökologische Bewegung. Sie wurde zunächst von einer kleinen Vorhut von sensiblen Bürgern getragen, ist aber inzwischen längst unverzichtbarer Bestandteil der Arbeit einer jeden seriösen politischen Kraft geworden. Ich behaupte (vielleicht wieder als ein Mitglied einer noch zahlenmäßig kleinen gesellschaftlichen und kirchlichen Vorhut), daß wir heute in ähnlicher Weise, vielleicht sogar noch dringlicher eine „Ökologie der Beziehungen“ brauchen. Denn was nützt es dem Menschen, so ließe sich in Abwandlung eines selbst in weltlichen Gesellschaften noch erinnerbaren Schriftwortes sagen, wenn wir die ganze Welt wieder sauber bekommen, reine Luft und sauerstoffreiches Wasser haben, mit dem Erdöl vorsichtiger umgehen, die Bodenschätze schonen, den Planeten Erde nicht so schamlos plündern, abrüsten, die Atomwaffen ächten und vernichten, und anfingen, die Schwerter zu Pflugscharen umzuschmieden, wenn inmitten dieser wieder geheilten Umwelt ein toter, weil beziehungsloser Mensch sein Leben fristete?

3. Beziehungen sind Leben, Beziehungslosigkeit ist Tod

Im Jahre 1980 konnte ich eine breit angelegte Studie über die Religion im Leben der Österreicher machen. Um Auskunft über die Rolle der Religion zu erhalten, war es notwendig, zunächst zu studieren, was den Leuten für ein gutes Leben wichtig ist.

Dabei hat sich gezeigt, daß für eine überwältigende

Mehrheit der Befragten jener Lebensbereich von größter Wichtigkeit ist, den wir in der Interpretation der Daten die „kleine Lebenswelt“ benannt haben. Diese kleine Lebenswelt ist nun weithin identisch mit einem reichen Geflecht von Beziehungen: in der Familie, zu Freunden. So sagen beispielsweise 89% der Befragten: „Mein Lebensziel ist ein glückliches Familienleben.“ Für 87% sind Freunde wichtig; 83% sagen, daß Kinder zu einem sinnvollen und glücklichen Leben dazugehören; man lebt, so 64%, damit die Kinder etwas erreichen und zufrieden sind. Verheiratetsein ist für 70% wichtig. Unbeschadet der Tatsache, daß Beziehungen nicht nur eheliche Beziehungen sind, kann an dieser Stelle doch auch festgehalten werden, daß der Untergang der Ehe zwar in vielen Büchern prophezeit wurde; manche betreiben ihn aus übergreifenden politischen Ansichten (weil etwa die Ehe eine repressive Sexualeinrichtung sei, weil in ihr kapitalistische Handlungsmuster tradiert werden, weil die stabile Familie zuviel Widerstand gegen die Auflösung aller Werte und Traditionen, auch religiöser Art, leistet); dennoch ist die Wertschätzung einer stabilen Ehe und Familie im Volk durchaus vorhanden. Noch einmal ist damit nicht gesagt, daß die Wertschätzung der Ehe auch schon deren Gelingen garantiert. Doch kann auf Grund unserer Forschungsergebnisse niemand leugnen, daß die Leute zumindest sagen: Schön wäre es schon, wenn eheliche Liebe und Treue beständig wären! Dies deckt sich im übrigen mit einem Befund der sogenannten Gießenstudie von Horst Eberhard Richter, die er als Langzeitstudie zwischen 1968 und 1975 durchgeführt hat. Richter wörtlich: „Ein spezieller Befund verdient abschließend noch besondere Würdigung. Das ist die in der Gesamtbevölkerung nachweisbare Tendenz zu einer engen, dauerhaften Zweierbeziehung. In Einklang mit vielfältigen Erfahrungen der Psychotherapeuten und der Ehe- und Familienberatungsdienste zeigt sich in diesem Befund eine Wiederzunahme des Bedürfnisses nach intimer, verläßlicher Bindung in Ehe und Familie.

Ehe und Familie werden erneut hoch bewertet als Chance zum Austausch intim persönlicher Gefühle, zugleich als Aufgabenfeld für eine verantwortungsvolle Kooperation in reflektierter Partnerschaft. Die Qualität ihrer Beziehungen in Ehe und Familie empfindet eine große Zahl von Menschen als zentralen Maßstab ihres Wohlbefindens."[2]

4. Lebensheiligtümer

Wir können mit Hilfe von Forschungserkenntnissen auch zeigen, warum diese „kleine Welt" überschaubarer Beziehungen für das menschliche Leben grundsätzlich, und darüber hinaus zumal in unserer gegenwärtigen Gesellschaft von derartig hoher Bedeutung ist.

Grundsätzlich – wir würden sagen „anthropologisch" – ist der Mensch von allem Anfang an durch und durch ein „soziales Wesen". Alle Versuche, einen Säugling ohne beziehungsreiche Zuwendung einer stabilen Bezugsperson großzuziehen, sind gescheitert. Solche „hospitalisierten" Kinder verkümmern und kommen nach und nach um. Mensch wird man eben nur in engen Face-to-face-Beziehungen; das gilt für das Kleinkind genauso wie für den Erwachsenen. Vereinsamtes Leben verkommt. Selbstverwirklichung, so Jürg Willi, gelingt nur als bezogene Selbstverwirklichung.[3]

Von einem anderen Ansatz kommen wir zum selben Ergebnis. Wir wissen heute gut Bescheid über die „Lebensheiligtümer" der Leute: das, worüber sie auf keinen Fall etwas kommen lassen, was ihnen in diesem Sinn „heilig", unantastbar ist.

Studien in Deutschland[4] und meine eigenen in Öster-

2 Horst Eberhard Richter, Mehr Weiblichkeit wäre mehr Menschlichkeit, in: Jahrhundertthema Gleicberechtigung, hg. v. W. Brandt, Köln 1978, 259.

3 Jürg Willi, Koevolution. Die Kunst gemeinsamen Wachsens, Reinbek 1985.

4 Gerhard Schmidtchen, Was den Deutschen heilig ist, München 1979.

reich[5] zeigen, daß es sich hier um ganz elementare Wünsche handelt, die natürlich auch das Herzstück einer menschlichen Beziehungskultur ausmachen. Ich habe sie hier mit den drei Stichworten „Ansehen“, „Wachsen“ und „Wurzeln“ benannt. Man könnte auch andere Ausdrücke über diese Begriffsfelder setzen, z.B. „den Wunsch, einen Namen zu haben oder das Gesicht zu wahren“; statt „Wachsen“ könnte man „mächtig sein“ im Sinn von „etwas machen können“ sagen, statt „Wurzeln“ „der Mensch muß irgendwo zu Hause sein“. Ich will ihnen diese drei Grundwünsche durch konkrete Beispiele zwischenmenschlicher Begegnung veranschaulichen.

Zum Stichwort „Ansehen“ eine erste Geschichte: Ein Brautpaar kommt nach sieben Jahren standesamtlicher Ehe mit zwei Kindern mit dem Wunsch zu mir, kirchlich zu heiraten. Auf die Frage nach den Beweggründen ergreift der Mann das Wort und erzählt, er wollte nach zwei gescheiterten Verhältnissen erst prüfen, ob die Beziehung nun zu dieser Frau gut gehen würde. Daraufhin antwortet die Frau sehr erbost: „Also so war das gemeint, ich war für dich immer noch austauschbar.“ An diesem Wort „austauschbar“ zeigt sich, was für den Menschen unverzichtbar ist: die Erfahrung, in seiner Einmaligkeit als Person geachtet und geehrt zu sein, vielleicht eine Erfahrung, die heute kulturell und gesellschaftlich immer rarer wird. Wir neigen dazu, jemanden als Fall zu behandeln und den Wert eines Menschen von bestimmten Funktionen, Leistungen und Eigenschaften abhängig zu machen. Was geschieht umgekehrt mit jenen, die Leistungen nicht erbringen und bestimmte Eigenschaften nicht haben, z.B. die Frau, die mit 40 ratlos und besorgt über ihr verändertes Aussehen ist und sich fragt, ob ihr Mann in Zukunft bei ihr bleiben wird. Wieder steckt dahinter der Wunsch, als diese Frau und

5 Paul Michael Zulehner, Religion im Leben der Österreicher, Wien 1981.

nicht wegen bestimmter Eigenschaften geachtet zu werden. Wenigstens dort, wo Menschen lieben, möchten sie persönlich gemeint und nicht austauschbar sein. Die Ehe könnte der Ort sein, wo man in Begegnung weiß, wer man ist. Hier kann man eine Theorie der Sozialpsychologie zu Rate ziehen, die besagt, der Mensch brauche den Mitmenschen, um sich selbst zu erkennen. Sie können sofort an Ort und Stelle den Versuch unternehmen, sich selbst ins Gesicht zu sehen – es wird ihnen nicht gelingen. So sind wir Menschen konstruiert, wir bedürfen des Spiegels, um zu erkennen, wer wir sind. Der beste Spiegel für den Menschen ist der Mitmensch, wir brauchen ein „Vis-a-vis“ also „Face-to-face-Beziehungen“.
Im Umkreis des Alten Testaments ist das Wort für die geschlechtliche Begegnung zwischen Mann und Frau „erkennen“. In Gen 4,1 heißt es z. B.: „Adam erkannte Eva, seine Frau; sie wurde schwanger und gebar Kain.“ Wieder finden wir in der Bibel die entscheidende Aussage, daß das Fest der Liebe, das Mann und Frau einander zugewandt begehen, ein personaler Vorgang des Ansehens, des Erkennens ist, das Geborenwerden aber eine wirklich beiläufige Nebenwirkung. Reproduktion des Lebens ist in der Sexualkultur des Alten Testaments eine zweitrangige Angelegenheit im Vergleich zu dem Wunsch, Ansehen zu erfahren. Lieben und Geliebtwerden ist daher ganz entscheidend für eine gedeihliche Beziehungskultur.
Zweitens: Wie steht es mit dem Wachsen in Beziehungen?
Ich kenne ein sehr erfahrenes Ehepaar, das sich jedes Jahr am Hochzeitstag fragt: „Kannst du neben mir wachsen?“ Das halte ich für ganz elementar.
Gegengeschichte: Eine Frau ist geschieden und sagt: „Was war ich in der Ehe? Haushalt – Kinder geboren – großgezogen. Mein Mann hätte seine Karriere nicht machen können, hätte ich meinen Beruf weiter ausgeübt. Wenn er erschöpft nach Hause gekommen ist, war ich wie eine kleine Beziehungsarbeiterin, eine Steigbügel-

halterin in der beruflichen Karriere meines Mannes: unter dem Strich, ich kam nicht vor", und fügt in Anlehnung an ein Inserat aus amerikanischen Zeitungen hinzu: „Rent a wife – nur, daß ich billiger komme." Ich finde, daß solche Aussagen von Frauen sehr nachdenklich machen müssen. Welche Möglichkeiten haben zumal Frauen heute in der Ehe, sich schöpferisch zu entfalten? Ich halte das für eine fundamentale Frage.

Noch ein Zitat einer Frau aus einer weiteren Scheidungsgeschichte: „Ich war nichts anderes als eine Fußnote in der Lebensgeschichte meines Mannes." Es sind Zitate, man wird nachdenklich. Man kann darüber denken, wie man will, ob das Ausdruck eines krankhaften Feminismus ist, oder ob es etwas anderes ist, aber es ist Realität. Und Frauen wehren sich, immer Verliererinnen zu sein. Daß dies von Frauen so wahrgenommen wird, können Sie der nackten statistischen Tatsache entnehmen, daß 71% der Scheidungen von Frauen eingereicht werden. Das ist doch ein Indikator.

In einer anderen Untersuchung in Deutschland wird die Frage gestellt: „Würden Sie ihren jetzigen Ehepartner wieder heiraten, hätten Sie noch einmal die Wahl?" Daß immerhin 80% der Verheirateten die Frage mit „ja" beantworten, spricht zwar für die einigermaßen gut gehenden Ehen in der BRD, unter den 20%, die ihren jetzigen Partner nicht mehr heiraten würden, finden sich aber in erster Linie Frauen. Es geht hier wieder um die Möglichkeit zu wachsen, ein Werk hervorzubringen, sich selbst zu realisieren. Wo sonst, wenn nicht in Begegnung und Beziehung, sollte das möglich sein?

Das dritte Stichwort: „Zu Hause sein".

Es ist legitim, wenn man in manchen Gebieten Österreichs Kindern nicht die Frage stellt „Wer bist du?", sondern „Wem gehörst du?"

Das heißt, wir definieren Identität durch Zugehörigkeit. Wird jemand nach seinem Zuhause gefragt, dann ist es gut, wenn ihm der Partner einfällt, bei dem er wohnt. Begegnungen sind gut, wenn wir in ihnen zu Hause sind;

sie sind als Beziehungen eine Art Wohnung für die Seele. Wenn man das akzeptiert, versteht man auch, was eigentlich fremdgehen bedeutet. Wieder von den anthropologischen Wurzeln her, jenseits aller moralischen Bewertung, probiere ich einen Satz, der riskant ist und vielleicht vielen meiner Freunde von der Theologie nicht unbedingt gefällt. Ich behaupte, das Problem besteht nicht darin, daß jemand fremdgeht, sondern daß zuvor die Ehe zur Fremde wird.
Wenn man das so verstehen kann, stellt sich die Frage, was wir tun, damit Menschen sagen: „Ich gehe gern dorthin. Es ist gut, bei dir zu wohnen, in dieser Beziehung zu Hause zu sein."
Der Versuch der zweiten These war es, nach dem menschlichen Zugewinn einer Ehe, einer Beziehung, einer Partnerschaft zu fragen: Es ist dies ein ganz wichtiger Ort, wo etwas von dem vorkommt, was den ganz alltäglichen Stoff unseres Lebens ausmacht:
Ansehen zu gewinnen, etwas machen zu können und irgendwo zu Hause zu sein. Gerhard Schmidtchen, ein Sozialpsychologe aus Zürich, der sich ebenfalls mit diesen Grundwünschen des menschlichen Daseins beschäftigte, vergleicht zu Recht den Menschen mit einem Baum. Es ist übrigens eine uralte Symbolik, Leben vor allem am Bild des Baumes, des Lebensbaumes festzumachen. Wie der eine Baum inmitten des Waldes wurzelt und wächst, so ist es mit dem Menschen. In der Begegnung lebend will er wurzeln und wachsen. Das ist der Wunsch nach einem Namen, der Wunsch nach dem Wachsen können und der Wunsch nach dem Wurzeln.

III. Bedrohungen

Der (wenigstens spurenhaften) Erfüllung dieses Wunsches stehen eine Reihe Hindernisse im Weg:
a) die Nichterfüllung solcher Grundwünsche in anderen Lebensbereichen (Beruf z. B.);
b) ein in unseren Gesellschaften verbreiteter pessimisti-

scher Individualismus und ein damit verbundenes Nützlichkeitsdenken;
c) der Verlust Gottes als die erhoffte Erfüllung unserer maßlosen Wünsche und damit verbunden eine tiefsitzende Daseinsangst.

1. Nichterfüllung

Ein erstes Hindernis ist die Nichterfüllung dieser Grundwünsche in anderen Lebensbereichen. Wir leben in einer Gesellschaft, die den Menschen anonymisiert und ihm das Gefühl von Fremdheit vermittelt. Wie geht es z. B. Arbeitern in einem Stahlbetrieb? Ich habe das schon vor Jahren selbst in Dortmund studiert. Ich bin zu Arbeitsschluß zu den Toren eines Betriebs gegangen und habe festgestellt, daß wohl nichts so schnell geräumt wird wie ein Stahlbetrieb. Warum sind die Leute so schnell weg? Prüfen Sie sich selbst, welche Arbeitsorte Sie möglichst schnell verlassen. Ich behaupte, es sind Orte, an denen diese drei Grundwünsche wenig Chancen haben.
Viele Menschen leben aber heute in öffentlichen Arbeitssituationen, die diesen Grundwünschen menschlicher Entfaltung wenig Raum lassen. Wenn es aber nicht möglich ist, in diesem Sinn beruflich befriedigend zu leben und zu arbeiten, verlagern die Menschen ihre Hoffnung auf Erfüllung dieser Wünsche in den privaten Bereich der Begegnung, in die sogenannte kleine Lebenswelt. Als Hypothese folgt daraus, daß Partnerschaften heute maßlos von Erfüllungswünschen überfordert sind, weil andere gesellschaftliche Lebensbereiche ausfallen und nichts zur menschlichen Zufriedenheit beitragen.

2. Pessimistischer Individualismus

Wir leben in einer Kultur, die die Beziehungsfähigkeit des Menschen systematisch unterwandert, nicht absichtlich, aber faktisch. In meiner Studie „Religion im Leben der Österreicher“ stellte sich heraus, daß die meisten österreichischen Bürger mit einem depressiven Individualismus ausgestattet sind, der sich in Sätzen äußert wie: „Auf andere kannst du dich nicht verlassen. Jeder muß seine Probleme selbst lösen. Es hat niemand Zeit für andere.“ Sozialwissenschaftlich würde man sagen, wir leiden unter einem katastrophalen Mangel an Solidarität.[6]

Ich bin sehr besorgt, wie man Zukunftsprobleme politisch angesichts dieses Mangels an Solidarität wird lösen können. Schaffen wir nicht Solidarität, gehen wir unweigerlich wieder neuen autoritären politischen Systemen entgegen. So bleibt nur die Alternative Solidarität und Demokratie, oder keine Solidarität in Krisenzeiten und autoritäre Systeme. Wer aber fördert Solidarität in diesem Land, wenn wir etwas zur bleibenden Demokratie beitragen wollen? Sind es die Gewerkschaften, die Kirchen, die politischen Parteien, ist es das Militär?

Dieser Mangel an Solidarität in unserer Kultur, der beobachtete pessimistische Individualismus berührt auch das Verhältnis von Mann und Frau. Wir analysieren deshalb diese Wurzel verbreiteter Beziehungsarmut näher.

Dieser Individualismus ist gut zu unterscheiden vom vorhin genannten Lebensheiligtum, nämlich dem Wunsch nach Einmaligkeit und Individualität. Wir können auch sagen: Wohl dem, der einsam ist; aber wehe dem, der vereinsamt. Vereinsamung führt nämlich mit hoher Wahrscheinlichkeit allmählich zur Erfahrung tiefer Sinnlosigkeit. Wer einmal zu Weihnachten bei der Telephonseelsorge mitgearbeitet hat, weiß, wie lebensbedrohlich die Vereinsamung vieler unserer städtischen Mitbürger, und zwar aller Altersgruppen, ist! Ähnliches zeigt das Zerbrechen von Ehen; unter den Selbstmordgründen rangiert die Scheidung weit oben. Das Zerbrechen hochbewerteter zwischenmenschlicher Beziehungen ist eben für viele tödlich.

6 Horst Eberhard Richter, Lernziel Solidarität, Reinbek 1979.

Es macht nachdenklich, wenn unsere Österreichstudie ein hohes Niveau an Individualismus in unserer Bevölkerung nachgewiesen hat. 35% können als stark individualistisch gelten; dazu kommen weitere 39% individualistische Personen; das sind zusammen 74%, also fast drei Viertel.

Dieser pessimistische Individualismus, diese zur Sinnlosigkeit tendierende Beziehungsarmut hat tiefere Wurzeln. Es sieht danach aus, als gäbe es in unserer Kultur „geistige Grundströmungen", welche die Beziehungsfähigkeit des Bürgers aushöhlen. Zeigt doch unsere Studie, daß der Individualismus um so ausgeprägter ist, je stärker ein Bürger zugleich mit einem gut umschreibbaren Streben nach sozialer und materieller Belohnung ausgestattet ist. Beruflicher Aufstieg über gute Leistung, welche wiederum die Möglichkeit herbeiführt, sich viel leisten zu können, im Wohlstand zu leben, sind Momente dieses Belohnungsstrebens. Nun kann man wiederum nicht die Leistung als solche diskriminieren. Sie ist ja, wie wir schon angedeutet haben, ein Moment am zweiten Lebensheiligtum der Bürger, nämlich dem Wunsch, etwas machen zu können, ein Werk hervorbringen zu können, schöpferisch sein zu können. Es ist daher niemand gut beraten, undifferenziert den Begriff der Leistung kaputt zu machen. Doch gibt es in unserer sogenannten „Leistungsgesellschaft" auch ein destruktives, und nicht nur ein kreatives Leistungsstreben. Wir finden es bei den Leuten, die meinen, viel leisten zu müssen, um sich dann viel leisten zu können. Wir leben in einer Kultur, die auf den Haben-Modus trainiert ist.[7] Haben und Leisten stehen im Mittelpunkt der Aufmerksamkeit. Alltagssprachlich lautet die Lebensmaxime: „Du mußt viel leisten, um die viel leisten zu können." In diesem Kontext heißt es: „Du wirst nur erfolgreich sein, wenn du siegst, wenn du ein Gewinner bist." Neben der Haben-

7 Erich Fromm, Haben oder Sein. Die seelischen Grundlagen einer neuen Gesellschaft, Stuttgart 1976.

kultur leben wir in einer Erfolgskultur, einer „Winner-Kultur“. Prüfen Sie selbst, ob das, was Erich Fromm und mit ihm viele andere sagen, richtig ist: Mit diesen Grundhaltungen läßt sich keine Beziehung auf Dauer kultivieren. Ich zeige dies an einem ganz konkreten harten Beispiel: Sobald in einer Beziehung auch nur einer gewinnt, verlieren beide. Das ist eine Kernregel der Beziehungskultur. Aber wir werden trainiert zu gewinnen. In der Wirtschaft, in allen Lebensbereichen, muß man zusehen, daß man oben ist. Wenn man nicht oben ist, ist man bald außerhalb des „Karrieregerangels“. Oben sein verlangt aber, daß andere unten sind. In einer Studie über das „Ethos von Führungskräften in der Wirtschaft in Bayern“ sind folgende Aussagen zu lesen: „Wir sind eine Ellbogengesellschaft. Wir müssen hart sein. Wir müssen erfolgreich sein, vor allem wir Männer. Weinen ist uns verwehrt. Zweckfrei miteinander zu spielen und zu leben ist uns verwehrt.“ Diese Eigenschaften, die wir wenigstens von den Kindern lernen könnten, werden kulturell heute nicht gefördert. Die These lautet: „Wir leben in einer Kultur, die nicht beziehungsfreundlich ist.“

So tragisch es also ist: Die Möglichkeiten unserer materiell reichen Kultur, genauer, wie die Menschen mit ihnen umgehen, führen dazu, daß nicht wenige Menschen menschlich verarmen. Das, woran sie leiden, ist ein Syndrom der Lebensverarmung, welches sich aus dem rastlosen Streben nach Belohnung, aus einem isolierenden Individualismus und aus einem Mangel an Lebenssinn zusammensetzt.

Eng verwoben mit diesem Syndrom der Lebensverarmung ist schließlich der Schwund religiöser Weltdeutung. Dabei meint „religiöse Welt“ eine unbegrenzt weite Welt, eine Welt von großer Transzendenzspannweite, in der die Grenzen und Tödlichkeiten dieser Welt noch einmal durch eine umfassende gute Lebensdefinition umfangen sind. Zwar halten sich die meisten Menschen in unserem Land für „religiös“. Sie glauben auch an etwas Höheres, denn irgendwer muß, so die vielen Befragten, die Welt gemacht haben. Aber diese Religion ist seltsam inhaltsleer, diffus, konturenarm. Sie ist unkonkret und damit auch nicht hilfreich. Sie hindert offenbar nicht die Auslieferung des Menschen an unsere materialistische Kultur. Sie bewahrt die Menschen nicht vor den negativen Folgen des Wohlstandes. Es ist eine Religion, die, wenn man will, kaum noch Auswirkungen auf den Lebenssinn der Menschen hat und daher einen „katastrophalen Mangel an Folgen" zeitigt. Die Verschließung des Menschen in die enge Welt des Habens und Leistens wird durch die Religion der Leute nicht mehr aufgebrochen. Typisch für das Alltagsbewußtsein unserer Bürger ist daher, trotz allgemein bejahter Religiosität, ein hoher Grad an Transzendenzarmut. Diese aber wirkt sich in verschiedenen Richtungen aus: Verloren ist nämlich nicht nur die Transzendenz hin zu Gott, also hinaus über die sinnenhaft erfahrbare Welt von Raum und Zeit. Verloren ist damit auch die Fähigkeit, die Grenzen des narzistischen Ichs zu übersteigen und zu lieben, beziehungsreich zu leben. Verloren geht auf diese Weise aber auch schließlich die intime Berührung des Menschen mit sich selbst, zu den schuldhaften und beglückenden Tiefen des menschlichen Herzens. Der materiell Reiche lebt somit am Ende in einer fatalen Weise selbstverschlossen und damit arm. Die Untersuchungsergebnisse geben fast eine zwingende Begründung ab für den bekannten Satz der Bibel, daß man nicht zugleich Gott dienen kann und dem Mammon (Lk 16,13).

Natürlich wird manch Unerleuchteter solche Zusammenhänge wieder mißbrauchen, um den Wohlstand als solchen zu verteufeln. Er übersieht dabei, daß es Not gibt, die Leben unterdrückt und daher zum Himmel schreit: also keineswegs nach den Absichten Gottes ist. Wir, die reichen Völker dieser Erde, werden es vor dem einstigen Gericht Gottes nicht leicht haben zu bestehen. Die vielen Verhungerten werden uns anklagen, die wir auf Kosten der wirklich Notleidenden dieser Welt gelebt haben, wobei die reichen Völker nicht aufhören, in einem ungeheuren Verbrechen von Veruntreuung die zu knappen Lebensmittel dieser Erde in wahnwitzige Todesarsenale zu investieren. Aber das tiefste Übel unserer materialistischen Kultur ist nicht zuletzt die Zerstörung der Beziehungskultur zwischen den Menschen. Wir haben zwar in unseren reichen Gesellschaften menschheitsalte Knappheiten an materiellen Gütern des primären und des gehobenen Bedarfs überwunden. Dafür haben wir uns aber neue Knappheiten eingehandelt. Knapp sind nicht nur gute Zeit, unzerstörter Lebensraum; knapp sind auch Treue, Liebe, Verläßlichkeit, knapp ist die Fähigkeit zu lebenswichtigen Beziehungen. Wir zahlen einen hohen Preis dafür, daß wir viel haben. Wir haben viel, so nicht nur Erich Fromm, sondern schon Johannes XXIII., wir haben viel, sind aber immer weniger, menschlich ärmer.

3. Areligiöse Überforderung

Jürg Willi,[8] Beziehungspsychologe aus Zürich, stellt die These auf, daß viele Beziehungen deshalb scheitern, weil zu große Erwartungen an den Partner gerichtet und an ihm festgemacht werden. Die Beziehungen scheitern also durch maßlose Überforderung des Partners, der ständig eine unerschöpfliche Quelle für Ansehen, Kreativität und Geborgenheit sein soll. Vor allem Geborgenheit scheint in unserer anonymen und nomadenhaften Gesellschaft sehr wichtig zu sein. Willi meint deshalb, es wäre für die Beziehungskultur unentbehrlich, gelänge es, die maßlosen Wünsche vom Partner abzuzweigen. Die Logik ist einleuchtend. Wenn Beziehungen scheitern, weil wir maßlos viel vom anderen verlangen, dieses Verlangen aber in uns steckt, wäre es hilfreich, etwas von diesem Verlangen abzuzweigen und – wie Willi es psy-

8 Jürg Willi, Koevolution. Die Kunst gemeinsamen Wachsens, Reinbek 1985.

chologisch ausdrückt – „auf eine Wand, nämlich auf die Religionswand zu projizieren".
In der Theologie würde man sagen: Jeder Mensch leidet unter einem utopischen Überschuß seiner Sehnsüchte. Es gibt keine Grenze im Wunsch nach Ansehen. Es gibt keine Grenze im Wunsch nach Freiheit und Kreativität, auch der Wunsch nach Geborgenheit läßt sich nicht begrenzen. Der Mensch ist eigentlich ein kleiner Terrorist in der Maßlosigkeit seiner Wünsche. In der Sprache der Theologie würde man als Erklärung für den Sinn dieser maßlosen Sehnsucht angeben: Hier wird offensichtlich, daß der Mensch nicht für den Menschen geschaffen ist. Theologisch formuliert heißt das: Gott selbst schafft sich den Menschen, um sich dem Menschen übereignen zu können. Dieser Überschuß an Sehnsucht, dieses permanente Leiden, daß die Rechnungen offen bleiben, ist Gottes Art, sich bei uns Atheisten in Erinnerung zu halten. Leute, die in Beziehungen erfahren sind, bestätigen mir dieses Gefühl, sich immer mehr von einer Ehe erträumt zu haben als stattgefunden hat. Die Rechnung bleibt immer offen, auch in anderen Lebensbereichen, dem Beruf z.B. Nun meinen wir Christen, es wäre gut, gelänge es uns, so gläubig zu sein, daß wir die maßlosen Sehnsüchte unseres Herzens am lebendigen Gott festmachen könnten. Was aber tut der Mensch, der das nicht kann, weil er es in einer gottvergessenen Kultur nicht mehr lernt? Es ist eine ganz entscheidende Frage, bei der Theologie und Lebenskultur nicht mehr getrennt werden können.
Was ist nun die Reaktion der Menschen auf ihre unerfüllten Sehnsüchte? Im Grunde kann man nur zwei Richtungen beobachten. Die erste Variation heißt: „Wenn es ein Mensch nicht schafft, dann häufen wir die Erfahrungen mit vielen Menschen aufeinander." Wir werden beziehungshastig, wie Don Giovanni in der Mythologie, und häufen Erlebnisepisoden mit verschiedenen Partnern aufeinander. Es ist eine trügerische Erfahrung, würde ich sagen, aber es ist eine, die man oft vorfindet. Es gibt

unglaublich viel Beziehungshast in unserer heutigen Kultur.
Die zweite Möglichkeit ist noch katastrophaler, finde ich. Wenn man merkt, daß ein Mensch die Maßlosigkeit unserer Träume nicht erfüllen kann, resigniert man. Wenn Eheleute endgültig resignieren, ermäßigen sie ihre Erwartungen mit der Bemerkung: „Es ist eben nicht mehr drinnen." Sie arrangieren sich mit dem Elend, der Mittelmäßigkeit, der Banalität. Ich glaube, das ist die schlimmste Form zu leben, weil hier die aussichtslose Hoffnungslosigkeit kultiviert wird. Marie von Ebner-Eschenbach sagt einfühlsam und mit poetischem Spürsinn: „Nicht die sind zu bedauern, deren Träume nicht in Erfüllung gegangen sind, sondern jene, die keine mehr haben."
Am ärmsten sind also nicht die, deren maßlose Sehnsucht noch nicht in Erfüllung gegangen ist, sondern jene, die sie vernichten.

IV. Beziehungskultur

Das Gelingen von Partnerschaft (und dadurch von sinnvollem Leben) ist nur durch Ansätze einer Beziehungsökologie möglich. Teilthemen im Umkreis christlichen Glaubens sind:

a) Eine neue Werthierarchie;
b) Anerkennen der begrenzten Beziehungsressourcen; neue Treue-Kultur;
c) keine Einebnung der Liebe auf die Lust allein;
d) Aufmerksamkeit für eine gerechtere Verteilung der Lebenschancen zwischen den Partnern;
e) keine Ausbeutung in den Beziehungen;
f) Zähmung der Daseinsangst.

Wem in einer solchen Lage am Gelingen von Partnerschaft und einem sinnvollen Leben liegt, beginnt heute beziehungsökologisch zu denken. Hier füge ich ein Wort ein, das mir in den letzten Jahren sehr wichtig geworden ist, und das auch von Jürg Willi, vor allem aber von Horst Seidler, einem Wiener Humanpsychologen, vertreten wird. Diese raten, einmal zu prüfen, ob nicht eine starke Ähnlichkeit zwischen der Zerstörung des Ökosystems und der Zerstörung des Humansystems besteht. Die Parallelität ist frappierend. Die ökologische These besagt: „In einer Allmachtsphantasie des unbegrenzten Fortschritts sind wir darangegangen, das ökologische System mit seinen begrenzten Ressourcen auszubeuten und sind an den Rand des Zusammenbruchs dieses Ökosystems geraten." Lesen Sie Hoimar von Ditfurth's „So laßt uns denn ein Apfelbäumchen pflanzen. Es ist soweit."[9] Das ist eine wirklich apokalyptische naturwissenschaftliche Lektüre. Nun meint die neueste Forschung im Beziehungsbereich, ähnlich sei es im Humansystem. Auch das Humansystem ist ein sehr sensibles System, erstens, weil unsere Beziehungsressourcen begrenzt sind, zweitens, weil in den letzten Jahrzehnten gemeint wurde, wir könnten trotz begrenzter Beziehungsressourcen mit diesen so umgehen, als wären sie nicht begrenzt. Wir haben also die Fortschrittsideologie auf den Beziehungsbereich angewendet. Die Folge ist, drittens, daß auch das Humansystem an den Rand des Zusammenbruchs geraten ist. Und Horst Seidler fügt hinzu: „Das Ökosystem läßt sich noch relativ leicht reparieren, wenn aber das Humansystem kaputt ist, transportiert es sich sozusagen selbst[10], denn Kinder aus kaputten Ehen sind meistens auch beziehungsbehinderte Kinder, ‚Beziehungskrüppel'." Das heißt, wir erben die sinnlose Lebensweise der Väter – das steht schon im ersten Petrusbrief (1 Petr 1,18) –, die Beziehungsunfähigkeit der Eltern.

Wenn es uns in Zukunft nicht gelingt, das Humansystem

9 Hoimar von Ditfurth, So laßt uns denn ein Apfelbäumchen pflanzen. Es ist soweit, Hamburg 1985.

10 Horst Eberhard Richter, Patient Familie. Entstehung, Struktur und Therapie von Konflikten in Ehe und Familie, Hamburg 1979.

zu stabilisieren, bedeutet das eine ebenso schlimme Katastrophe, wie es der Zusammenbruch des Ökosystems wäre. Diese Grundthese finde ich auch bei sehr vielen Freunden in allen politischen und weltanschaulichen Lagern vertreten. Sie ist deshalb die Basis jeder gemeinsamen Arbeit.
Ich kenne junge Familien, die sagen, daß sie das alles nicht mehr mitmachen wollen. Was haben sie davon, wenn sie nach Jahren emsigen Leistens erleben müssen, daß sie einander fremd geworden sind, weil sie für ihre Liebe keine Zeit und Kraft mehr hatten? Was haben sie von einem gut eingerichteten Haus, von ihren vielen Reisen, wenn am Ende die Kinder in einer Jugendsekte landen, kriminell werden, Drogen nehmen, neurotisch krank sind, sich umbringen? Sie ändern ihre Werte, kehren im biblischen Sinn um. Sie lassen sich nicht mehr einreden, daß das Wichtigste im Leben der Wohlstand ist. Wichtiger ist für sie, daß die zwischenmenschlichen Beziehungen wieder gesunden. Sie haben angefangen zu erahnen, was ein Patient dem berühmten Viktor E. Frankl in einer Sprechstunde sagte: „Herr Doktor, jetzt habe ich alles, habe ein Erbe gemacht, habe studiert, kann mir alles leisten, auch Mädchen: Aber was soll das Ganze?" Der Aufstand gegen die „existentielle Frustration", gegen die Sinnentleerung unseres Alltagslebens, hat begonnen. Die materialistische Kultur ist an ihre spürbaren Grenzen gestoßen. Damit aber kündigt sich eine neue Sensibilität auch für eine neuartige Beziehungskultur an. Nennen wir einige Momente einer solchen „Ökologie der Beziehungen".

1. Neue Werthierarchie

Zunächst ist schon ganz entscheidend, daß viele Menschen ihre Werthierarchie zu überprüfen beginnen. Sie verweigern einem öffentlichen Bewußtsein die Gefolgschaft, nach der insgeheim oder auch ausgesprochenermaßen das Haben der oberste Wert ist. Als ich vor wenigen Jahren einen Vortrag vor Priestern in Norwegen zu halten hatte, wurde ich schon am Flugplatz von einem Plakat umworben, auf dem zu lesen stand: „All Norway is one shop." Ist es in Österreich, in der Schweiz, in der Bundesrepublik Deutschland anders? Was bestimmt unsere öffentlichen Dispute? Was die Fernsehduelle zwischen den Spitzenkandidaten politischer Parteien vor Wahlen? Die Zahl der Menschen wächst, die sich solchem verengt-materialistischen Bewußtsein verweigern. Gewiß, manche sind dabei selbst wieder einseitig und vergessen, daß es ohne materielle Grundlage weder Freiheit noch Beziehungen gibt. Aber ist es den Alternativen zu verübeln, daß im Protest zunächst einseitig geredet und gehandelt wird?

2. Leben mit Beziehungsgrenzen: Treue

Ein weiteres Moment der neu aufkommenden Ökologie zwischenmenschlicher Beziehungen ist die Erkenntnis der Grenzen menschlicher Beziehungsressourcen. Es gab ja eine zeitlang hinsichtlich der Kultur zwischenmenschlicher Beziehungen die Auffassung, daß jeder von uns zu einer unbegrenzten Anzahl gelingender Beziehungen fähig ist. Dies hat nicht zuletzt auch die Ehe berührt. Man erfand das Modell der offenen Ehe. Neben der ehelichen Hauptbeziehung noch beliebig viele ebenso umfassende Nebenbeziehungen zu haben, galt durchaus als Bereicherung. Die Fortschrittgläubigkeit oder, wie Horst Eberhard Richter, besser als manche Theologen der Neuzeit, es formuliert hat, der „Gotteskomplex", der darin besteht, daß der Mensch alles kann, war die oftmals unausgesprochene Rechtfertigung. Warum soll der Mensch auch nicht alles tun, was er „kann"? Dabei zeigte sich aber, daß der Mensch (oft war es nur der Mann?), der sich dieser Allmachtsphantasie hingibt, auch in Beziehungen alles zu können, am Ende eben mehr verspielt als gewinnt. Zu spät wurde bemerkt, daß dieses Ausufern der Beziehungen die meisten Menschen maßlos überfordert. Die Kunst der freiwilligen Begrenzung wurde verlernt, sowohl vor der Ehe als auch in und außerhalb der Ehe; man hielt ja diese Begrenzungen für Momente gesellschaftlicher und sexueller Repression; natürlich meinte man, auch die Kirche und ihr gestörtes Verhältnis zur Sexualität seien daran beteiligt. Nun wird man wieder nicht der naiven Meinung sein können, die Kirchen hätten in der Vergangenheit nicht auch ihren beklagenswerten Beitrag zur Pathologie zwischenmenschlicher und sexueller Beziehungen geleistet. Doch kann dem kritischen Beobachter nicht verborgen bleiben, daß die Zerstörung der Beziehungssysteme nachweislich dort noch viel stärker auftritt, wo der Einfluß des in der Kirche überlieferten Evangeliums geschwunden ist.

Die Zahl der Menschen wächst, die sehr bewußt eine Beziehungskultur entwickeln, in der die Begrenztheit menschlicher Beziehungsfähigkeit eine wichtige Rolle spielt. Begrenzung heißt dann aber auch: Ich kann mich nicht immer offen halten für alle nur denkbaren Beziehungen. Hier liegt wohl auch eine der Wurzeln des sogenannten Phänomens der „Ehen ohne Trauschein", wobei nicht übersehen werden darf, daß es daneben noch viele weitere Ursachen gibt. Aber ein Grund scheint mir darin zu bestehen, daß manche meinen, allzuviele Möglichkeiten zu verlieren, wenn sie sich jetzt, und das womöglich für ein ganzes Leben lang, für eine einzige Möglichkeit entscheiden. Die alte Weisheit schafft sich dagegen wieder Raum, daß diejenigen mehr vom Leben haben, die unter den vielen Möglichkeiten eine wählen und aus dieser möglichst viel Gutes machen. Sie haben dann wenigstens wirklich gelebt, während die anderen das Leben als Möglichkeit stets vor sich herschieben und immer mehr von der tödlichen existentiellen Frustration gepackt werden. Grundsätzlich gilt daher: Das relativierte Leben ist auch das menschlich bessere Leben.

Wiederum ist damit nicht garantiert, daß die einmal getroffene Wahl auch in jedem Fall die richtige war; daß eine Beziehung nicht auch scheitern kann; daß es eine wichtige Überlebensfrage auch für Christen in unserem

Land ist, wie die Kirche mit den Geschiedenen und den wiederverheiratet Geschiedenen zusammenlebt, sie nicht moralisch stigmatisiert und damit gegen die eigenen Erklärungen insgeheim doch „ausschließt“: Hier haben wir Christen noch viel zu lernen, wenn wir das erfüllen wollen, was der jetzige Papst in seinem Schreiben über die familiäre Lebensgemeinschaft von den Christengemeinden verlangt. Dennoch bleibt davon unberührt, daß der besser handelt, der sich auf eine, wenn auch begrenzte Beziehung festlegt und daraus etwas macht, als jener, der sich in vermeintlicher Freiheit immer alle Möglichkeiten offenhalten will: weil er im Grunde alles will und dabei doch nichts erreicht.
Wir brauchen auch ökologische Lebensregeln, nämlich die Fähigkeit, mit begrenzter Beziehungsfähigkeit zu leben. Ich glaube, von hier aus ist zu vermuten, ja, zugunsten der Liebenden geradezu zu erhoffen, daß gerade der Begriff „Treue“ eine Hochkonjunktur erleben wird. Ich beobachte diese Entwicklung schon bei jenen, die sozusagen die Vorhut einer neuen Beziehungskultur sind, enttäuschte Filmdivas z. B., die plötzlich nachdenken und sich fragen, was sie in den letzten zwanzig Jahren falsch gemacht haben. Ich behaupte, daß heute kulturell nichts so knapp und wichtig ist, wie das Gut Treue. Sie brauchen nur soziologische Untersuchungen aus dem Bereich der Jugendforschung anzusehen.
Unter den Eigenschaften, die Jugendliche von ihrem zukünftigen Lebenspartner erwarten, steht „sexuell anziehend“ nicht an erster Stelle in der Bewertungsskala. Nur für 36% der männlichen und 20% der weiblichen Jugendlichen ist diese Eigenschaft von Bedeutung. Hoch bewertet wird hingegen die Treue des zukünftigen Partners. Für rund 60% der Jugendlichen zählt sie sogar zu den wichtigsten Eigenschaften, die ein Lebenspart-

ner haben soll.[11] Es dürfte schwierig geworden sein, einen treuen Partner zu finden.
Was bedeutet nun ein „treuer Partner“? Ich sage es mit einem ganz banalen Bild. Ökologisch in einer Beziehung zu leben heißt, mit der Begrenztheit unsrer Liebesfähigkeit zu rechnen. Es ist besser, einen kleinen Schrebergarten gut zu bebauen, als ständig eine viel zu große Fläche zu kultivieren. Die Konsequenzen daraus liegen auf der Hand. Wir müssen aufhören, uns permanent durch die vermeintliche Belastbarkeit des Partners zu überfordern. Was durch unsere Kultur der Untreue, wie ich sie nennen will, im Untergrund an Kränkungen vorhanden ist, wird stilisiert als Inbegriff der Überwindung bürgerlicher Verlogenheit. So haben wir ja dann zu reden gelernt. Da wir uns damit gegenseitig permanent überlasten, ist Treue für mich eine ökologische Frage.
Die Ökologiedebatte hat auch gezeigt, daß kein Ökosystem durch eine einzige Vergiftung zugrunde geht. In ähnlicher Weise kann man natürlich sagen, daß ein Seitensprung noch nichts an der Qualität einer Beziehung ändern muß. Wenn daraus aber eine Dauervergiftung wird, sind auch kleine Dosen der Untreue absolut tödlich.

3. Keine Einebnung von Beziehungen

Ein weiteres Moment einer Ökologie zwischenmenschlicher Beziehungen ist die Verweigerung gegenüber der insgeheimen Umformung der Liebe zu konsumistischer Lust. Es überrascht mich immer wieder in Diskussionen mit jüngeren, aber auch älteren Menschen, daß sozialpolitisch sehr kritische Leute in Fragen zwischenmenschlicher Sexualstile höchst „liberal“ sind (wobei ich dieses Wort „liberal“ eigentlich ersetzen möchte mit „libertinistisch“).
Je mehr ich mich in diese Zuusammenhänge hinein-

11 Paul Michael Zulehner, Heirat Geburt Tod. Eine Pastoral an den Lebenswenden, Freiburg i. Br. ^{4}1982.

denke, um so deutlicher wird mir, was – ärgerlicherweise für unsere westlichen Gesellschaftstheorien – ausgerechnet im marxistischen Osten behauptet wird. Dort finden wir folgenden Gedankengang:
Unsere westlichen Konsumgesellschaften sind darauf angelegt, daß von den Bürgern die überflüssig erzeugten Güter auch verbraucht werden; denn sonst kann man ja nicht weiterhin so ungestört und erfolgreich produzieren. Also muß man Bürger heranziehen, die zum Konsum auch jederzeit bereit sind und jedem auch noch so leisen Konsumanreiz in Werbung und Mode nachkommen. Dies wird dann der Fall sein, wenn es in den Bürgern keine inneren ethischen oder moralischen Widerstände gibt. Die Fähigkeit, Konsumanreize aufzuschieben, gilt als besonders systemgefährdend. Erwünscht ist daher jener Bürger, der auf einen Kaufanreiz auch sogleich mit einem unwiderstehlichen Kaufwunsch reagiert. Man kann das bei Kindern heute leicht studieren, wie erfolgreich inzwischen unsere Gesellschaft geworden ist. Aber auch wir Erwachsene stehen in dieser Hinsicht den Kindern nicht viel nach. Ich beobachte mich selbst mit Unbehagen, wenn ich – zumal während meiner jährlichen dreiwöchigen Fastenkur – auf meine Erfahrungen mit Supermärkten und Einkaufskatalogen zurückblicke. Es gibt nun Vermutungen, daß sich eines der stärksten Widerstandsnester in unserer Seele gegen aufkeimende Triebe und Wünsche im Bereich der Sexualität befindet. Der Mensch, mit Dauersexualität begabt, kann ja ohne ein Minimum an Fähigkeit zum Aufschub sexueller Triebwünsche nicht leben.
Offenbar gehört es aber nun zu den Strategien unserer freiheitlichen Warengesellschaften, daß die Fähigkeit zum Aufschub sexueller Trieberfüllung nicht zuletzt auch deshalb wenig entwickelt wird, weil auf diese Weise ein Bürger heranwächst, der dem Kauftrieb leicht nachgibt. Dabei kann zusätzlich vermutet werden, daß für manche in ihrer Sexualität beschädigten Menschen die Warenwelt durchaus eine Art emotionaler Ersatzbefrie-

digung bietet. Sexueller Libertinismus scheint somit überraschenderweise durchaus mit der Logik unseres Konsumbetriebs zu tun zu haben. Natürlich lenken die wenigen Konsumstrategen gekonnt von solchen Zusammenhängen ab. Vorgeschoben wird eine alte repressive Sexualmoral, vorgeschoben wird der Penisneid von zölibatären Kirchenmännern. Doch wer die neuzeitlichen Aussagen der amtlichen Kirche über Fragen menschlicher Sexualität liest, wird diese Ausreden allmählich durchschauen; sein Blick wird frei für die tieferliegenden und weitaus bedrohlicheren Zusammenhänge unserer materialistischen Konsumkultur, die Pier Paolo Pasolini in seinen Freibeuterschriften den „Faschismus des Konsumismus" nennt.

4. Gerechte Verteilung von Lebenschancen

Ein wesentlicher Baustein dieser Beziehungsökologie liegt darin, aufmerksamer für eine gerechtere Verteilung der Lebenschancen zwischen den Partnern zu werden. Ich will dies an einem konkreten Beispiel darstellen, das Seelsorger und Eltern gleichermaßen beschäftigt, Stichwort: nicht-eheliche Lebensgemeinschaften. Wie ich beobachte, gibt es sehr viele Personen, die zwei, drei Mal geschieden sind, ohne je einmal geheiratet zu haben. Ich bezeichne das absichtlich so. Eine Frau hatte drei solcher Erlebnisepisoden hinter sich, bevor sie mit einer Therapie begann. Wenn ich grundsätzlich darüber nachdenke, verstehe ich, daß sie zunächst den Mut verloren hat, sich wieder an einen Partner zu binden. Was ist Scheidung, vor allem, wenn man sie selbst nicht wählt? Anthropologisch gesprochen, bedeutet Scheidung: „Du bist nicht genug", eine Untergrabung des Selbstwertgefühls des Partners. Ob man dann verheiratet war, ist eine völlig sekundäre Angelegenheit. Ich gehe sogar so weit zu sagen, daß Scheidungen, ohne verheiratet gewesen zu sein, menschlich viel unbarmherziger sind als offizielle Trennungen mit einem – zumindest rechtlichen – Scheidungsritual, bei dem die Verhältnisse öffentlich geklärt werden. Wenn ein Scheidungsvorgang nur den beiden Partnern überlassen bleibt, entsteht ein chronischer Zustand von Verletzung, Unsicherheit und Kränkung. Was will ich damit sagen? Ich glaube, die Aufmerksamkeit für die gerechte Verteilung der Lebenschancen muß wachsen, wenn Beziehungen funktionieren sollen. Ich sage, besonders an uns Männer in dieser Kultur gerichtet, wir müssen für den berechtigten Anspruch der Frauen auf Lebenschancen aufmerksamer werden. Ich wundere mich, wie viele Frauen sich in diesen nichtehelichen Beziehungsarrangements einen chronischen Zustand von Unsicherheit und Kränkung gefallen lassen und nicht dagegen rebellieren. Es gibt unglaublich viel Beziehungsausbeutung im Namen der Freiheit. Dort, wo die Öffentlichkeit zurücktritt, entsteht mehr Gewalt als dort, wo die bergende Öffentlichkeit noch dabei ist, auch das ist eine klare Grundthese. Es gab nie soviel Gewalt in den Ehen und Familien, einschließlich der Vergewaltigung, wie in den privatisierten, kleinen Lebenswelten.

5. Wider die Beziehungs-Ausbeutung

Zu einer Ökologie zwischenmenschlicher Beziehungen gehört nicht zuletzt auch die Einsicht, daß ein Moment in der Ausbeutung menschlicher Beziehungsressourcen auch in der Industrialisierung der weiblichen Fruchtbarkeit zu finden ist. Ich meine damit die in der Kirche immer wieder diskutierte Frage der Empfängnisregelung durch die Pille.

Ich finde heute immer wieder Frauen und Mädchen, auch in ganz linken Frauengruppen wie etwa in jener zu Berlin, die auf die Frage, ob sie die Pille nehmen, entrüstet antworten: Wir unterwerfen uns doch nicht den Machbarkeitsphantasien des Patriarchats der Männer. Wenn man dann näher nachfragt, bekommt man erstaunliche Zusammenhänge zu Gesicht. Man sagt nämlich, daß die Pille, welche auf den natürlichen Hormonhaushalt der Frau einwirkt, die Überführung des Zyklischen ins Lineare ist. Damit geschieht im Grund

dasselbe wie in der Industriegesellschaft. Das Zyklische der Natur wurde durch den Eingriff des Menschen „linearisiert“ und damit beherrschbar gemacht. Man kann nun das ganze Jahr hindurch Erdbeeren kaufen, und nicht nur zu einer bestimmten Jahreszeit. Man kann immer Eis essen, und dies auch zu den verücktesten Zeiten. Dasselbe gilt schließlich auch für die weibliche Sexualität: Der zweifellos die Frau auch sexuell entlastende Zyklus kann beseitigt werden. Viele Frauen können und müssen daher den Männern zumeist unbegrenzt zur Verfügung stehen. Ihr Bündnis mit dem natürlichen Zyklus ist zerstört. Sie sind dem Mann völlig ausgeliefert. Nun kenne ich eine Familie, die nach ihren zwei Wunschkindern als dritten einen Knaus, als vierten eine Ogino, und als fünftes Kind schließlich einen Rötzer bekommen haben. Auch kenne ich Ehepaare, die – wegen der familienfeindlichen Rhythmik unserer Arbeitsvorgänge – gar nicht anders können, als ihr sexuelles Leben diesem unnatürlichen Rhythmus einigermaßen anzugleichen. Wer wollte das moralisch in Frage stellen; dies muß man nicht einmal, wenn man sich grundsätzlich auf dem Boden von „Humanae vitae“ weiß. Doch greift gerade bei Frauen, aber auch Männern die Einsicht um sich, daß Beziehungen nicht immer dann am besten funktionieren, wenn sie dem Zugriff des Menschen, oder gar nur des Mannes, unbehindert unterworfen sind. Der unökologische Eingriff in die weibliche Fruchtbarkeit wird, weil er ein Moment an der (schwindenden) Fortschrittseuphorie des Patriarachts ist, wieder zurückgehen.
Nur mit einem Satz sei in diesem Zusammenhang darauf hingewiesen, daß es kein legitimes Moment unserer Ökologie der Beziehungen ist, wenn manche vermeintlich fortschrittlichen Frauen an die Stelle der Pille in unbedachter Weise (wieder) die Abtreibung setzen.

6. Zähmung der Daseinsangst

Was wir dringend brauchen, ist eine Entlastung des Menschen von seiner tiefen Daseinsangst.

Daseinsangst führt immer dazu, daß wir meinen, ein anderer Mensch müsse uns Zufriedenheit und Glück schenken, uns schalom bringen. Noch einmal behaupte ich theologisch, daß kein einziger Mensch in der Lage ist, mich restlos zufrieden und glücklich zu machen. Die Bibel sagt, wer das Haus seines Lebens baut, tut gut daran, es auf das Fundament des Glaubens zu setzen (Lk 6,47-49). Ich glaube, daß wir als Kirche in den letzten Jahrzehnten etwas fahrlässig waren, weil wir zur Beziehungskultur nur Moral, nicht aber das Fundament der Mystik geliefert haben. Es wäre gut, käme eine Zeit, in der man dem Menschen sagen könnte: „Horch gut in dich hinein. Nimm die Maßlosigkeit deines Herzens wahr, die Maßlosigkeit deiner Sehnsucht nach Ansehen, Mächtigkeit und Geborgenheit, und lerne – ich spreche jetzt wieder in der Sprache der alten biblischen Liturgie –, lerne dein Herz dort festzumachen, wo die wahren Freuden sind." Das klingt vielleicht etwas mystisch. Gemeint ist damit, seine Sehnsucht am lebendigen Gott festzumachen, denn er hat unser Herz so maßlos erschaffen (um Augustinus zu zitieren), daß es nicht zur Ruhe kommt, bis es am Herzen des maßlosen Gottes ruht. Ich behaupte, daß es unglaublich befreiend ist, mit einem Menschen in einer Partnerschaft zu leben, der die große Sehnsucht seines Herzens nicht am Lebenspartner, sondern an Gott festmacht, weil man dann endlich Mensch sein darf in dieser Partnerschaft. Wirft man hingegen seine ganze Sehnsucht auf den Partner, wird dieser total erdrückt und darf kein begrenzter, schwacher Mensch sein.

Dieser Perfektionismuszwang ist eine ganz fatale Nebenwirkung unserer Gottvergessenheit, lautet meine theologische Grundthese. Wir würden uns gestatten, Menschen mit Begrenztheit zu sein, würden wir die Maßlosigkeit unseres Herzens nicht am Partner festmachen. Nur so kann Beziehung gelingen.

Von da aus wird einsichtig, daß die wichtigste Tugend der Liebe das Erbarmen ist: „in ihm vergebe ich dem anderen, daß er mein Gott nicht sein kann" (Roman Bleistein).[12] Der grundlegendere Beitrag von Christen zu einer neuen Berziehungskultur scheint mir also in dem zu liegen, was wir als Öffnung, als Aufbrechen des verschlossenen, beziehungsarmen Menschen durch den Glauben beschreiben könnten. Entscheidend für den Gläubigen ist ja, daß seine Erfahrung die engen Grenzen dieser Welt sprengt. Das zentrale Geheimnis der Menschwerdung und der Auferstehung Jesu besagt ja vor allem, daß sich die ganze Wahrheit über den Menschen nicht innerhalb der Grenzen von Raum und Zeit abspielt, sondern diese weit übersteigt, transzendiert.

Das bedeutet aber, daß der Gläubige seinen Namen in die Hand Gottes eingetragen weiß. Er ist dessen gewiß, daß er sein Leben Gott verdankt und er, weil er dort fest verwurzelt ist, auch nicht mehr verlorengehen kann. Das aber ist eine der entscheidenden befreienden Erfahrungen des Glaubens. Ich brauche nicht mehr mein vergängliches Leben ängstlich festzuhalten, sondern kann mich freigeben auf andere hin. Solcher Glaube befreit wahrhaft zur Liebe. Die deutsche Synode hat es in dem Dokument „Unsere Hoffnung" so ausgedrückt: „Die Hoffnung auf die Auferweckung der Toten, der Glaube an die Durchbrechung der Schranke des Todes macht uns frei zu einem Leben gegen die reine Selbstbehauptung, deren Wahrheit der Tod ist. Diese Hoffnung stiftet uns dazu an, für andere da zu sein, das Leben anderer durch solidarisches und stellvertretendes Leiden zu verwandeln. Darin machen wir unsere Hoffnung anschaulich und lebendig, darin erfahren wir uns, und teilen uns mit als österliche Menschen. ‚Wir wissen, daß wir vom Tod zum Leben hinübergeschritten sind, weil wir die Brüder lieben; wer nicht liebt, der bleibt im Tode' (1 Joh 3,14)."

12 Roman Bleistein, Die jungen Menschen und die alte Kirche, Freiburg 1972.

Nichteheliche Lebensgemeinschaften*

Die sogenannten nichtehelichen Lebensgemeinschaften haben sich in einer auch soziologisch atemberaubenden Geschwindigkeit gesellschaftliche Anerkennung erworben. Ich stelle eine Zahl an den Beginn: Nach dem Institut für Demoskopie in Allensbach hatten 1967 noch 65 % der jungen Frauen unter 30 dieses Zusammenleben Unverheirateter verurteilt. 1973 waren es 92 % der jungen Frauen unter 30, die diese Form des Zusammenlebens gebilligt haben. Ich kenne keine kulturelle Entwicklung, die in einer solchen Rasanz stattgefunden hat. Wie konnte solches geschehen?

Das zu klären, ist für die Arbeit der Kirche wichtig. Auch unser derzeitiger Papst Johannes Paul II. hat dies verlangt. In seinem Schreiben über die familiäre Schicksalsgemeinschaft hat er sich in der Nr. 80 mit den von ihm so genannten „Ehen auf Probe" beschäftigt. Dort heißt es: „Es wird nützlich sein, den Ursachen des Phänomens der Ehe auf Probe nachzugehen, auch in psychologischer und soziologischer Hinsicht, um eine angemessene Therapie zu finden." Ich finde das eine sehr wichtige Aufforderung von römischer Seite her, die Kenntnisse der Psychologie und Sozialwissenschaft zu Rate zu ziehen, wenn es darum geht, eine angemessene pastorale Therapie zu finden. Im selben Schreiben betont der Papst in Nr. 4, daß sich die Kirche in bestimmten sozialen und kulturellen Situationen, um ihren Dienst leisten zu können, um die Kenntnis jener Situationen bemühen muß, in denen sich Ehe und Familie heute verwirklicht. Diese Kenntnis ist also eine für die Evangelisierung unerläßli-

* Vortrag, gehalten im Auditorium Maximum der Theologischen Fakultät in Paderborn am 23. 11. 1988.

che Notwendigkeit, muß doch die Kirche das unveränderliche und immer neue Evangelium Christi an die Familien unserer Zeit herantragen. Die Familien müssen unter den Bedingungen unserer Welt den Plan Gottes für sie aufgreifen und verwirklichen. Und nicht nur das. Die Forderungen und Anrufe des göttlichen Geistes sprechen auch aus den Ereignissen der Geschichte, weshalb die Kirche durch die Situationen, Fragen, Ängste und Hoffnungen der Jugendlichen, der Eheleute und deren Eltern von heute, zu einer tieferen Kenntnis des unabänderlichen Mysteriums von Ehe und Familie geführt werden kann. In sprachlich schöner Steigerung von „nützlich, notwendig und unerläßlich" fordert also „Familiaris consortio", sich mit der Situation analytisch genau zu befassen.

I. Analysen

1. Privatisierung der Mann-Frau-Beziehung

Obwohl es in einer unglaublichen Geschwindigkeit passiert ist, daß bewußtseinsmäßig diese Formen des Zusammenlebens von Mann und Frau soziale Akzeptanz erworben und sich eingebürgert haben, ist dieses Phänomen dennoch sozialwissenschaftlich erwartbar gewesen. Man hätte, wenn man die sozialwissenschaftlichen Kenntnisse ernstgenommen hätte, sagen können, daß solches sich einstellen wird.

Der Beleg für eine sozialwissenschaftliche Aussage fällt nicht so schwer. Wir leben in den westlich-freien Gesellschaften in folgender Situation. In ihnen gibt es zwei getrennte Bereiche: den Bereich der Öffentlichkeit (Beruf, Politik, Schule) und den Bereich der Privatheit (Familie, Freizeit, für viele auch Religion). Die Trennung von Privatheit und Öffentlichkeit ist geradezu konstitutiv für freiheitliche Gesellschaften, so sagen die Sozialwissenschaftler. Sie begründen das folgendermaßen. Wenn Sie als Erwachsener heute in der Berufswelt stehen, wie viele Freiheitsgrade finden Sie vor, welchen

Spielraum haben Sie? Wie sehr können Sie sich dort kreativ darstellen und entfalten? Können Sie dort jenes Lebens-Werk hervorbringen, das Sie sich erträumen? Haben nicht alle jene Recht, die sagen: Gerade im berufsweltlichen Bereich machen wir häufig Dinge, die uns gar nicht so sehr gefallen und wo wir uns in unseren Fähigkeiten nicht ausreichend selbst realisieren können? Natürlich spreche ich selbst als ein gesellschaftlich privilegierter Bürger, weil ich einen sehr freien Beruf habe, wo ich im wesentlichen das tun kann, was ich will. Auch Seelsorgsberufe gehören zu den überdurchschnittlich privilegierten Berufen. Das muß allen jenen Raunzern in der Kirche gesagt werden, die meinen, uns in der Kirche erginge es mit der Arbeit schlecht. Wir haben eine gesellschaftlich unverschämt privilegierte Arbeit. Vergleichen Sie ihre Arbeit als Seelsorgsangestellte, Frau oder Mann, etwa mit einer Frau, die acht Stunden am Bildschirm einer Bank sitzt. Dann werden Sie sagen, was habe ich für ein Glück gehabt, daß ich dauernd mit Menschen zusammen bin und deren Lebensgeschichten begleiten kann.

Sehr viele Menschen erleben dagegen heute im Bereich des Berufes und der Öffentlichkeit relativ viel Entfremdung. Sie sind verurteilt, das tun zu müssen, was andere von ihnen erwarten. Ich will zwar die Bereiche Politik und Wirtschaft nicht nur negativ darstellen. Aber ich möchte doch auch sagen, daß, wer in einem Betrieb steht, nicht primär seine privaten Lebensinteressen verfolgt, sondern die Interessen des Betriebes wahrzunehmen hat, der ihn in Dienst nimmt und dafür bezahlt. Das hat aber zur Folge, daß wir im Bereich des Beruflichen relativ wenig Freiheitsgrade besitzen. Zur Entschädigung sagt man uns, damit wir nicht das Gefühl verlieren, in einer freiheitlichen Gesellschaft zu leben: Du kannst über dein privates Leben selbst bestimmen. Weil du das aber im Beruf nicht kannst, bekommst du die Privatsphäre als deine freiheitliche Spielwiese. Dort – das ist generell akzeptiert – redet dir niemand drein. So sagt auch Gerhard Schmidtchen in seiner Studie „Was den Deutschen heilig ist", daß die Deutschen den Satz „Ich kann mein Leben leben, wie ich es mir vorstelle" zu jenen Werten zählen, die ihnen heilig sind, über die sie also nichts kommen lassen. 80 % der Befragten haben diesem Satz zugestimmt. Der moderne Bürger hat also den Anspruch, daß ihm in seiner kleinen Lebenswelt, in seinem privaten Lebensbereich niemand dreinredet. Es ist somit ein Grundprinzip unserer gegenwärtigen Gesellschaft, daß, wenn es nicht öffentliche Belange betrifft, einem niemand was dreinreden darf.

All das hat nun mit den nichtehelichen Lebensgemeinschaften zu tun. Die Beziehung zwischen Mann und Frau, die Liebe ist etwas Hochpersönliches, etwas, das in den privaten Lebensbereich hineingehört, in den Bereich der kleinen Lebenswelt. Also sagen die Leute: Solange es nur uns beide betrifft, beanspruchen wir, daß uns niemand dreinredet, weder der Staat, noch gleichermaßen alle als obrigkeitlich wahrgenommenen Institutionen.

Offenkundig wurde dies schon, bevor es die nichtehelichen Lebensgemeinschaften gab. 1968 erschien „Humanae vitae". Eine Untersuchung von Johannes Hoffmann deckte auf, wie viele Menschen sich nicht an den Weisungen dieser Enzyklika ausgerichtet haben. In den Diskussionen ging es auch keineswegs nur um die Inhalte. Vielmehr zeigte sich, daß der heutige Bürger nicht mehr bereit ist, sich in die Gestaltung und Kultivierung seiner kleinen Lebenswelt etwas dreinreden zu lassen. Ob das für die Kirche erwünscht ist oder ob das für den Menschen gut ist oder nicht, ist eine andere Frage.

Wie richtig unsere Vermutung ist, daß die Mann-Frau-Beziehung heute privatisiert ist, zeigt auch die Tatsache, daß – nach einer von Franz Xaver Kaufmann im Auftrag der Landesregierung Nordrhein-Westfalen gemachten Studie – Paare meistens heiraten, sobald ein Kind kommt. Nur 10 % heiraten auch dann nicht, weil sie aus übergreifenden Gründen die Institution Ehe überhaupt ablehnen. Sobald die Interessen also eines Dritten, eines Kindes, dazukommen, und diese Interessen in unserer Gesellschaft hohen gesellschaftlichen Schutz brauchen, verlassen die Paare den Raum der Privatheit. Kinder brauchen aber, damit sie nicht als unehelich diskriminiert werden und rechtlich sowie psychologisch Schutz genießen, Öffentlichkeit. Sobald also Kinder kommen, gehen die meisten nichtehelichen Lebensgemeinschaften in die Öffentlichkeit und heiraten zumindest standesamtlich. Ob sie dann auch kirchlich heiraten, ist noch einmal eine andere Frage, weil in unserer nachchristlichen Kultur nicht mehr selbstverständlich ist, daß auch kirchlich heiratet, wer die standesamtliche Ehe eingeht.

Soweit also ein erster Punkt: Privatheit und Öffentlichkeit klaffen auseinander. Und die Leute sagen, daß die Liebe zwischen Mann und Frau eine höchst private Angelegenheit ist. Liebe wird damit entöffentlicht. So lange es nur uns beide angeht und kein Kind da ist, brauchen wir keine Öffentlichkeit. Wir beanspruchen sie nicht.

Daß viele junge, aber auch geschiedene Frauen und Männer nicht mehr heiraten, hat auch mit dem Zustand der heutigen Ehen zu tun. Die jungen Leute erleben an den Ehen ihrer Eltern, daß diese keine Garantie dafür sind, daß die Liebe andauert. Nicht wenige Ehen sind wie Begräbnisstätten der Liebe. Auch die vielen Scheidungen schrecken ab. In Berlin wird jede zweite Ehe geschieden. In ländlicheren Gegenden ist es jede vierte. Unlängst habe ich bei einer Trauung eines jungen Paares assistiert. Auf beiden Seiten waren die Eltern geschieden. Ich dachte: Ihr seid schon couragiert. Denn eure Eltern geben euch die Botschaft, daß es nicht gut geht, wenn man in Ehe lebt, und ihr riskiert es trotzdem, zu heiraten. Ich habe gesagt: „Ich bewundere euch, weil ihr nicht auf das Vorbild der Eltern, sondern auf Gottes Treue und Gnade setzt."

Wenn es nun stimmt, daß Privatheit und Öffentlichkeit in unserer gegenwärtigen Gesellschaft auseinanderfallen,

dann sind zwei Fragen zu klären: Wie schaut erstens die Beziehung in sich aus? Welches Verhältnis hat zweitens diese Beziehung zur Öffentlichkeit?
Das Zusammenleben von Mann und Frau hängt primär vom Gelingen der Beziehung, der Liebe ab. Wenn ich als Theologe besorgt bin, daß das Leben unter den Augen Gottes gelingt, dann interessiert mich vorrangig das Gelingen der Liebe. Der Grad der Öffentlichkeit ist auch nur insoweit wichtig, als er der Liebe dient. In dieser Hinsicht bin ich als Theologe sicher, weil wir es mindestens 1500 Jahre in der Kirche akzeptiert haben, daß es keine kirchliche Öffentlichkeit geben muß, damit ein Mann und eine Frau legitimer Weise zusammenleben. Die Trauungsformpflicht gibt es erst seit dem Konzil von Trient im 16. Jahrhundert. Dieses Konzil hat sogar eine Verurteilung ausgesprochen gegenüber jenen, die gesagt haben, daß die sogenannten Klandestinehen (die also ohne Öffentlichkeit, klandestin = geheim, geführt wurden) keine rechtsgültigen Ehen wären. Vor der Trauungspflicht gibt es ein theologisch sehr seriöses Bewußtsein darüber, daß das, was die beiden faktisch gelebt haben, theologisch so hochrangig ist, daß wir jene ausgeschlossen haben, die behaupten, es wäre keine vor der Kirche gültige Ehe. Das sind daher die Fragen, die wir an eine konkrete Beziehung heute zu stellen haben: 1. Wie schaut die Beziehung innerlich aus? 2. Welchen Grad an Öffentlichkeit hat die Beziehung? Und für die Arbeit der Kirche kommt als dritte Frage dazu: Was bringen die beiden glaubensmäßig in ihre Liebe mit? Diese dritte Frage ist wichtig, denn manches Paar läßt sich deshalb nicht kirchlich trauen, weil die Glaubensvoraussetzungen nicht gegeben sind. Ich halte es für unverantwortlich, solche Paare, die ein krasses Defizit an gemeindlichem Glauben haben, mit moraltheologischen Argumenten in die Ehe zu treiben. Das ist theologisch nicht zulässig. Die christliche Ehe ist nicht ein Moralinstitut, sondern ein Sakrament christlichen Glaubens. Ehepa-

storal ist daher in erster Linie eine Frage der Mystik. Wo aber die Mystik vergessen wird, verkommt die Kirche zur Moral.

2. Beziehungstypologie

„Familiaris consortio“ kennt nur einen Typus von Beziehungen ohne Trauschein, nämlich die vom Papst sogenannte „Ehe auf Probe“. Sozialwissenschaftlich erweist sich diese Sicht als erweiterungsbedürftig. Denn genauere sozialwissenschaftliche Analysen veranlassen uns, mehrere Beziehungstypen zu unterscheiden.

a) Erlebnisepisoden

Ich habe lange Zeit, weil ich einen priesterlichen Onkel hatte, seelsorglich in einem Kurort gewirkt. Da gab es Kurgäste, die während der Zeit zu einem anderen Kurgast eine Beziehung aufnahmen. Die Ortsbewohner nannten diese Personen „Kurschatten“ oder „Sternschnuppen“. Diese Art von Beziehung hat etwas Vergängliches an sich. Das Volk scheint diesbezüglich großzügig zu sein. Ein Kriterium dieser Beziehungen ist, daß die Leute ohne Trauer auseinandergehen können. Wo es aber bei der Trennung keine Trauer gibt, dort war auch keine Liebe, zumindest nicht das, was ich unter Liebe verstehe. In manch einer Illustrierten wird man vielleicht Liebe anders definieren. Dort geht es darum, daß man mit einem anderen Menschen sexuell etwas hat. Aber unter uns Christen wird niemand sagen, daß sich darin die Liebe erschöpfe. Es ist typisch für den menschlichen Begriff der Liebe, daß wir aneinander gewöhnt werden, daß Erwartungen an den anderen entstehen. Wichtig in einer wahren Liebesbeziehung sind vor allem die Feste der Liebe. Diese erkennen wir daran, daß in ihnen die Zeit anders ist. Wir fühlen, daß es schade ist, daß man diese „Hütten des Lebens“ wieder verlassen muß. Dennoch bleiben die Feste der Liebe wichtig. Von ihnen bleibt eine Erinnerung, die uns den gemeinsamen Alltag bestehen läßt. Auch wächst aus dieser Erinnerung heraus der Wunsch nach neuerlichen Festen. Von diesen Festen gibt es wohl nicht allzu viele in unserem Leben. Dort, wo wirklich geliebt wird, bleibt Erinnerung, aus der heraus der Wunsch nach neuen Festen erwächst. Und wenn man nach einer Erlebnisepisode ohne Trauer auseinandergehen kann, heißt das, daß keine Sehnsucht nach neuen Festen mit diesem Menschen entstanden. Das heißt auch, daß es diese Feste der Liebe nicht gegeben hat.

b)„Wie eine Ehe“

Ein zweiter Beziehungstyp ist der Ehe sehr ähnlich. Ehe, wie wir sie im katholischen Raum verstehen, ist von der Innenseite her eine verläßliche und dauerhafte Beziehung. Dazu ist sie grundsätzlich offen für einen dritten Menschen, ein Kind. Und schließlich kommt noch Öffentlichkeit dazu. Weil wir hier aber von der Öffentlichkeit absehen, nennen wir diesen Beziehungstyp „Wie eine Ehe“.

Es sind also verläßliche und dauerhafte Beziehungen, die wie ein Lebenshaus sind, in dem die beiden sich wohnlich aufhalten können. In diesem Lebenshaus gibt es viele Räume, viele Entwicklungschancen, Ansehen und Geborgenheit.

c)Ambivalente Beziehungen

Zwischen den beiden Beziehungstypen „Erlebnisepisoden“ und „Wie eine Ehe“ liegt ein dritter Typus. Zu ihm gehören jene Paare, bei denen auf der einen Seite der Alltag völlig identisch ist mit dem Alltag von Eheleuten: Wohnen und Beiwohnen sind ihnen zur Selbstverständlichkeit geworden, Tisch und Bett werden – wie das Kirchenrecht seit altersher formuliert – geteilt.

Andererseits gibt es eine willentliche Anstrengung, eine wechselseitige Zusage. Diese hat nicht zum Inhalt, daß man unverbindlich leben will. Es ist kein Leben auf Probe, wie der Papst meint. Dabei hat der Papst ganz Recht, wenn er sagt, man kann nicht auf Probe leben und nicht auf Probe lieben.

Aber obwohl sie faktisch verbindlich leben, sagen sie: Wenn es nicht gutgehen sollte, weil sich einer von uns beiden entwickelt, weil wir draufkommen, es geht nicht so gut, wie wir beide es möchten, dann laßt uns ohne sonderliche zusätzliche Kränkung auseinandergehen. Es gibt also ein hypothetisches Offenhalten, das aber – zumindest was die Absicht der Paare betrifft – nicht den gemeinsamen Alltag beeinflußt.
Dieser dritte Typus ist verbreitet. Ich vermute, daß viele auch mit dieser Klausel kirchlich heiraten. Da stellt sich dann die schwierige pastoraltheologische Frage, ob das dann nicht nichtige Ehen sind. Wer nämlich mit einem solchen Vorbehalt heiratet, entspricht nicht den Vorstellungen der Kirche. Das wäre pastoral schlimm, wenn das stimmte.
Einer solchen Überlegung kann freilich entgegengehalten werden, daß das, was faktisch gelebt wird, Vorrang hat. Wenn ich voraussetze, daß der Alltag läuft wie in der Ehe, hat das, was faktisch gelebt wird, für mich Priorität vor der hypothetischen Überlegung, was denn dann ist, wenn es nicht gut geht? Die Leute geben ja auch bei der kirchlichen Eheschließung keine Garantie ab, daß es auf jeden Fall gut gehen wird. Eine solche Garantie kann ein Mensch auch gar nicht geben. Die Paare können nur sagen, ich will alles in meiner Macht Stehende tun, damit Scheidung nicht in Frage kommt. Nur so kann man das kirchliche Treueversprechen „operationalisieren“, wenn man authentisch und ehrlich spricht. Es gibt dann einen festen Willens-Entschluß und die wilde Entschlossenheit, alles nur Erdenkliche zu tun, daß eine Scheidung nicht in Frage kommt. Daraus kann für kritische Zeiten der Beziehung auch eine sittliche Pflicht zur Eheberatung erwachsen.

3. Typologie von Öffentlichkeiten

Es ist für den Menschen gut, sich sehen lassen zu können. Es ist den meisten auch ein Anliegen, herzuzeigen, woran einem liegt. Nicht zuletzt ist es gerade im Bereich

der Beziehungen entlastend, wenn andere wissen, wer an wen sich gebunden hat. Öffentlichkeit erweist sich daher durchaus als hilfreich für Liebende. Zugleich gibt es bei vielen Bedenken, daß der Schritt in die Öffentlichkeit das Auseinandergehen erschwert. Manche fürchten das Scheidungselend, auch wenn sie dabei übersehen, daß eine Trennung auch dann schmerzlich ist, wenn nicht geheiratet wurde. Vielleicht ist zumindest ökonomisch eine Trennung einfacher, so denken manche (und haben diesbezüglich nicht immer recht). Vor allem aber behaupten viele, daß der Schritt in die Öffentlichkeit, also das Heiraten, der Liebe keineswegs nützt, ihr vielmehr allzuoft schadet. Vor allem Frauen sagen heute, daß sie sich dann in eine verfestigte Lebensform (Institution) hineinbegeben, in der der Mann gewinnt und die Frau verliert. Also „veröffentlichen" viele ihre Liebe nicht.
Eine solche Rede ist aber sozialwissenschaftlich ungenau. Denn eine völlig privatisierte Liebe gibt es wohl nur ganz selten. Dies wird deutlich, wenn wir mehrere Öffentlichkeiten typologisch unterscheiden: nämlich

Typologie von Beziehungen

<table>
<tr><th rowspan="4">Typologie von Öffentlichkeiten</th><th></th><th>Erlebnisepisoden</th><th>Ambivalente Beziehungen</th><th>„wie eine Ehe"
(verläßlich, treu)</th></tr>
<tr><td>„kleine"</td><td></td><td></td><td rowspan="2">„Ehen ohne Trauschein"</td></tr>
<tr><td>mittlere</td><td></td><td></td></tr>
<tr><td>große/
amtliche</td><td colspan="2">„Trauscheine ohne Ehe"</td><td>EHE
(mit Trauschein)</td></tr>
</table>

kleine, mittlere und große – amtliche – Öffentlichkeiten.
a) Zur kleinen Öffentlichkeit zählen Freunde, die eigene Familie, der Verkehrs- und Bekanntenkreis, in dem man lebt: also stets eine überschaubare Zahl von Menschen.
b) Mittlere Öffentlichkeiten sind beispielsweise die Kirchengemeinde oder ein kleines Dorf.
c) In der großen Öffentlichkeit spielen sich die amtlichen Vorgänge ab. Dort werden Dokumente ausgestellt. Zur amtlich-großen Öffentlichkeit gehören also das Standesamt oder das Pfarramt.

4. Glaubenssituation

Wie schaut die glaubensmäßige Situation dieser Paare aus? Wer die reale Situation der nachwachsenden Generation kennt, ist hinsichtlich des christlichen Glaubens der meisten Paare sehr zurückhaltend. In der Mehrheit der Fälle ist kaum ein gemeindegebundener christlicher Glaube vorhanden. Das überrascht nicht, wenn man aus Untersuchungen erfährt, daß nur in 8% der deutschen Familien gebetet wird. Den persönlichen Glauben betend zur Sprache bringen, ist zweifelsfrei ein wichtiges Symptom für die Präsenz lebensprägenden Glaubens in einer Familie. Wir sind angesichts solchen Ausfalls der Familien als Vermittler des Glaubens pastoral eher ratlos, wie denn die christlichen Gemeinden den Glauben in die nächste Generation einpflanzen können.
Für unsere Überlegungen muß zudem die pastorale Erfahrung bedacht werden, daß dann, wenn ein gemeindegebundener christlicher Glaube bei jungen Paaren da ist, es nur eine Frage der Zeit ist, wann sie kirchlich heiraten und nicht eine Frage, ob sie überhaupt heiraten sollen. Dabei kann gelassen hingenommen werden, wenn sich der Zeitpunkt der Trauung ein wenig verzögert. Einen ähnlichen Vorgang hat es ja bei einem viel wichtigerem Sakrament als jenem der Ehe gegeben, nämlich bei der Taufe. Da haben wir auch lange gesagt, daß „quamprimum“ (sobald als möglich) getauft werden

muß. Vielleicht erleben wir bei den gläubigen Jugendlichen eine Aufweichung des „quamprimum" bei der Eheschließung – ob uns das gefällt oder nicht.
Von traditioneller Seite wird dem entgegengehalten, daß solche Paare, wenn sie die kirchliche Eheschließung hinausschieben, zu lange als öffentliche Sünder in einer „wilden" Ehe leben. Dieses Argument brachte auch ein pastorales Experiment in der französischen Kirche zu Fall. Dort hat man sich Gedanken gemacht, wie die Trauung wieder mehr ein Sakrament des christlichen Glaubens werden könnte. Dazu haben sie beschlossen, für die Ehevorbereitung nur standesamtlich verheiratete Paare zu nehmen. Denn sie wollten sicher sein, daß die Paare einen sichtbaren Ehewillen haben. Durch die standesamtliche Trauung sollte in der Öffentlichkeit bekundet sein, daß es den beiden ernst ist, also ein Ehewille vorhanden ist. Von diesen standesamtlich Getrauten wurde dann kirchlich ein zweijähriges Ehekatechumenat vor der kirchlichen Trauung verlangt. Dies bedeutet gewiß eine sehr anspruchsvolle und intensive Art der kirchlichen Ehevorbereitung. Freilich führte dies auch dazu, daß von den Paaren, die das zweijährige Katechumenat begonnen hatten, nur 10% zur kirchlichen Trauung kamen. In „Familiaris consortio" hatte der Papst dieses und ähnliche Experimente mit der Begründung untersagt, daß eine solche pastorale Praxis im Grunde genommen auch die kirchliche Rechtfertigung für kirchlich nicht geschlossene Ehen und zugleich die kirchliche Segnung vorehelicher Sexualität ist, was moraltheologisch nicht zulässig sei.

II. Pastorale Handlungsmodelle

Nach der sozialwissenschaftlichen Analyse wenden wir uns nunmehr dem zu, was in Kirchengemeinden verantwortlich mit Paaren, die nichtverheiratet zusammenleben, getan wird bzw. zu tun ist. Zunächst also geben wir einen Überblick über jene pastoralen Weisungen, die wir heute vorfinden.

1. Die Tauben

Da gibt es, so wie in der Politik, die Tauben. Die Tauben, das sind die ganz Milden, die Uninteressierten. Sie schauen immer weg und sie tun, als würde da gar nichts stattfinden. Sobald sich Paare anmelden, werden sie bedenken- und bedingungslos getraut. Dies ist weithin der kirchliche Normalfall, weil viele Pfarrer, vor allem in der Stadt, nicht mehr überschauen können, mit was für Leuten sie es zu tun haben, auch wenn aus den Dokumenten klar hervorgeht, daß 90% derer, die sich zur kirchlichen Trauung anmelden, dieselbe Adresse haben. Daran kann man zumindest erkennen, daß sie, wenn auch nur eine Zeitlang, nichtehelich vor der Trauung zusammengelebt haben.
Es gibt viele Seelsorger, die aus Ratlosigkeit, Überforderung, Unkenntnis sagen, wir können ja nichts anderes tun, als gute Miene zum bösen Spiel zu machen. Vorausgesetzt wird allerdings, daß es ein böses Spiel ist.
Dennoch sagen die Tauben sehr pragmatisch, wir sind froh, wenn überhaupt jemand kommt. Und wir trauen ohne große Schwierigkeiten.

2. Die Falken

Die anderen sind die Falken. Als Beispiel für deren pastoralen Stil zitiere ich aus einem Pfarrblatt, in dem der Pfarrer über die nichtehelich Zusammenlebenden schrieb: „Wer sich bewußt durch sündiges Zusammenleben über Gottes und der Kirche Gebot hinwegsetzt, der begibt sich selber des Anspruchs auf eine öffentliche Hochzeit, eine feierliche Trauung. Die Hochzeit ist der falsche Ausdruck für einen Akt, wo einfach das ungeordnete Zusammenleben durch das Sakrament geordnet wird. Hier ist die stille Trauung das einzig Richtige. So ehrlich sollten alle sein. Wenn ich zuerst die öffentliche Sünde auf mich genommen habe, muß ich dann auch auf eine öffentliche Trauung verzichten, wie sie unsere üblichen Hochzeiten darstellen." Die Folge der Pastoral dieses „Falken" war, daß die Pfarrer der Umgebung mehr Trauungen hatten.

3. Ein verantwortlicher Mittelweg

Wir vertreten weder die Praxis der Tauben noch jene der Falken. Die einen sind zu lax, die anderen zu gewalttätig. Beide Stile schaden der Pastoral, sie fördern das Desinteresse ebenso wie die Gewaltanwendung. Eine grundsätzliche Weisung zu einem verantwortlichen „dritten" Weg gibt der Papst, wiederum im Schreiben „Familiaris consortio" Nr. 34, in dem es heißt: „Es gibt für die Kirche keine Gradualität des Zieles, wohl aber eine Gradualität des Weges. Daher kann das sogenannte Gesetz der Gradualität, des stufenweisen Weges, nicht mit einer Gradualität des Gesetzes selber gleichgesetzt werden." Der Papst trägt hier ein pastorales Doppelprinzip vor. Das erste Prinzip besagt: Wir nehmen vom gewünschten idealen Zustand nichts zurück. Die Kirche steht unbeugsam zu ihrer von Jesus herkommenden Tradition. Aus der Sicht Gottes ist es ja wirklich zum Wohl des Menschen, wenn der Mann Vater und Mutter verläßt und einer Frau anhängt und die beiden eine wirklich nicht mehr trennbare Lebensgemeinschaft aufbauen. Die Kirche hat also überhaupt keine andere Wahl, als nur verläßliche und dauerhafte Beziehungen, die sich sehen lassen können, für bibelgemäß zu halten. Gerade um des Menschen willen ist deshalb aus der Tradition heraus den Liebenden zu sagen, daß ihnen ihr Partner von Gott geschenkt und anvertraut ist und Gott sie konkret mit Glück und Leben beschenkt. Eben deshalb aber sollen sie alles Erdenkliche tun, um einen Partner zu finden, mit dem sie in Frieden alt werden können. Genau das entspricht aber auch dem Traum der Menschen. Die Liebe zwischen Mann und Frau ist für die meisten ein Lebensort, an dem sie zugleich wachsen und Wurzeln treiben können, wo sie Ansehen finden und erfahren,

daß sie als Frau und Mann wertvoll sind. Was also die Bibel ausspricht, steckt im Grunde im Menschen drinnen als der Traum von der Liebe zwischen Mann und Frau. Deshalb braucht es auch keine Gradualität des Gesetzes. Zugunsten des Menschen darf die Kirche in dieser Frage nicht schwach werden. Sie darf es gerade auch deshalb nicht, weil sie die einzige Institution in unserer Gesellschaft ist, die diesen Traum des Menschen von der Liebe zwischen Mann und Frau, in Frieden miteinander alt werden zu können, schützt. Wer steht denn sonst noch in unserer Gesellschaft solidarisch zu diesen schutzlosen Träumen des Menschen! Alle anderen haben längst resigniert. Nur die Kirche ist so verrückt und sagt den Menschen, daß sie sich eine verläßlich, dauerhafte und öffentliche Liebe zutrauen dürfen, vor allem dann, wenn sie im Umkreis Gottes ihre Liebe leben.
Obwohl es nun keine Gradualität im Ziel gibt, kennt der Papst das Gesetz der Gradualität in der Erreichung des Zieles. Dabei kann er sich auf die gesamte Praxis Jesu berufen. Jesus wollte ja, daß sich das Reich Gottes ausbreitet. Er sagte: Dieses Reich Gottes ist in mir, und durch mich ist es daher auch schon unter euch. Wer es erfaßt, der kommt hinein in diesen Lebensbereich Gottes. Zugleich sieht Jesus aber auch, daß viele Menschen es nicht schaffen, sich ganz in diesen Lebensbereich hineinzubegeben, ihr Leben also ganz auf Gott zu setzen. Die christliche Theologie sagt deshalb in ihren grundsätzlichen Aussagen über uns Menschen, daß wir „simul iustus et peccator" sind, also zugleich gerechtfertigt und trotzdem noch Sünder. Wer das einmal begriffen hat, daß der Mensch, so lange er lebt, iustus et peccator ist, der muß zugeben, daß wir zur Vollkommenheit immer nur unterwegs sind, obwohl wir von der Bergpredigt gefordert wären, vollkommen zu sein, wie der Vater im Himmel. Daraus ergibt sich von selbst das Gesetz der Gradualität des Weges. Dieses Prinzip gilt es nun auf die Ehe anzuwenden.
Was wir also ganz allgemein und für die Pastoral mit

Paaren in nichtehelichen Lebensgemeinschaften brauchen, ist eine wachstumsorientierte Pastoral, nicht eine Pastoral des Alles oder Nichts. Wir brauchen auch keine Pastoral des uninteressierten Laissez-faire, sondern eine am Menschen und deswegen an seinem Wachstum interessierte Pastoral. Wenn man das akzeptiert, wird man meinen drei pastoraltheologischen Prinzipien nahetreten können:

a) Förderung der Beziehungsqualität
Eine wachstumsorientierte Pastoral wird zunächst fragen: Was können wir seelsorglich tun, um die Qualität der Beziehung in Richtung auf Verläßlichkeit, Treue, Offenheit für Kinder zum Wachsen zu brinngen. Dieses Bemühen lebt von der Überzeugung, daß es für den Menschen gut wäre, wenn er seiner Unentschlossenheit entgehen und sich verschworen einlassen könnte auf den Menschen, den er liebt. Es wäre gut für ihn, wenn er sagen lernte: Ich will mit Dir in Frieden alt werden. Wir könnten zu einem solchen Wachstum der Beziehung auch dadurch einen Beitrag leisten, indem wir mit den Paaren jene Argumente durchdenken, die diese heute beanspruchen, um nicht zu heiraten.
Ein erstes Argument lautet: Ohne Heirat kann man leichter auseinandergehen. Ich stelle dagegen die These, daß es schwerer ist, ohne Heirat auseinander zu gehen.
Es ist überhaupt kein Zweifel, daß es viele Trennungen ohne Heirat gibt. Oft gehen Paare, die in nichtehelichen Lebensgemeinschaften leben, wieder auseinander. Das geschieht sogar des öfteren, zwei- oder dreimal. Dieser Trennungsprozeß verläuft aber bei nichtehelichen Lebensgemeinschaften genauso schmerzlich wie bei Verheirateten. Denn das seelische Trennungs-Leid wird nicht durch die Heirat bestimmt, sondern durch die innere Qualität der Beziehung. Eine Scheidung nach der Heirat und eine Trennung ohne Heirat sind daher vom Schmerz her gleichgewichtig.
Dazu kommt, daß die soziale Begleitung (etwa durch den

Scheidungsprozeß und das Scheidungsurteil) eine Scheidung psychoanalytisch entlastet. Es wird nämlich von der Öffentlichkeit her ein Zeitpunkt bestimmt, an dem die beiden wissen, daß jetzt die gemeinsame Zeit zu Ende ist. Wenn es keinen gesellschaftlich gestalteten Scheidungsvorgang gibt, findet häufig der Trennungsvorgang zwischen den Partnern kein klares Ende. Vielfach gibt es dann noch ein Hoffen über die plausiblen und vernünftigen Grenzen hinaus.
Ich wundere mich, daß gerade Frauen diese nichtehelichen Lebensgemeinschaften mehr akzeptieren als Männer. Ich verstehe das zunächst zwar deswegen, weil Frauen meinen, daß es in der Ehe weniger möglich ist, neue Rollen für die Ehepartner auszuhandeln. Viele der heutigen Frauen sagen, ich beanspruche berufliche Tätigkeit in Verbindung mit der Partnerschaft. Im herkömmlichen Ehemodell ist der Spielraum, Rollen auszuhandeln, praktisch viel kleiner als in den nichtehelichen Lebensgemeinschaften. Vielleicht spielt hier auch bei Frauen der Gedanke mit, daß sie nach der Heirat keine Waffe mehr in der Hand haben, wenn der Mann nicht verhandeln will. Sie kann dann immer noch sagen: Spielst Du nicht mit, dann gehe ich weg.
Ein zweites Argument lautet: Ohne Heirat währt die Liebe länger.
Es gibt nun tatsächlich Paare, die lange Jahre unverheiratet miteinander gelebt, dann geheiratet haben und nach kurzer Zeit wieder geschieden wurden. Daraus folgt aber nicht zwingend, daß das Heiraten zum Grab der Liebe wurde. Es gibt dafür nämlich noch eine andere, plausiblere Erklärung. Könnte es nicht sein, daß man ohne Heirat ein wenig mehr Angst hat, der andere könnte einen wieder verlassen? Wenn das der Fall ist, könnte es dann wiederum nicht sein, daß aus dieser Angst heraus Konflikte nicht behandelt, sondern unter den Teppich gekehrt werden? Wenn ich einer Beziehung nicht ganz traue, könnte tatsächlich latent die Angst da sein, daß sie diesen Konflikt nicht aushält. Spätestens nach der Trau-

ung müssen aber solche aus Angst zurückgestellten Konflikte behandelt werden. Es könnte also durchaus sein, daß jene, die nach der Trauung wieder bald geschieden werden, den Konflikten vor der Trauung zu sehr aus dem Weg gegangen sind.
Es gibt noch weitere Überlegungen, daß das Argument nicht stichhaltig ist, daß die Liebe ohne Heirat dauerhafter ist. Der Psychotherapeut Dmoch erzählt, daß er eine Reihe von Leuten in seiner Therapie hatte, die aus solchen nichtehelichen Lebensgemeinschaften kommen. Er nimmt an, daß bei diesen therapiebedürftigen Frauen und Männern ans Licht kommt, was latent in vielen Beziehungen vorhanden ist. Sichtbar wird ein chronischer Zustand von Unsicherheit und Kränkung.
In jeder Beziehung lauern latent und unentrinnbar Trennungsängste. Auch in guten Ehen ist dies der Fall, weswegen ja verheiratete Leute Geschiedenen oftmals unbewußt aus dem Weg gehen. Das ist übrigens auch ein Grund, warum sich in keiner Familienrunde auf Dauer alleinerziehende Frauen halten. An den Geschiedenen wird nämlich das latente Scheidungspotential aller Ehen sichtbar. Die Geschiedenen sagen einem ja: Dasselbe könnte dir auch passieren. Deswegen reagieren Eheleute gegen Geschiedene instinktiv abweisend. Das hat keinen theologischen, sondern einen psychoanalytischen Grund. Könnte es nun nicht sein, daß durch diesen Satz „Wenn es nicht gut geht, gehen wir wieder auseinander“, Trennungsängste vermehrt statt spürbar reduziert werden? Nicht zu heiraten wäre dann für die Liebe eher schädlich.

b) Förderung der Öffentlichkeit

Umgekehrt könnte der Schritt eines Liebespaares in die Öffentlichkeit Trennungsängste vermindern. Wenn mein Partner, der mich liebt, dieses vor einer Öffentlichkeit sagt, kann ich einen Schuß Glaubwürdigkeit dazugewinnen. Trennungsängste können dadurch gezähmt werden. Wir sagen bewußt, daß die Trennungsängste

gezähmt werden können. Denn in einer Kultur, in der Scheidung sozial zulässig ist, werden die Trennungsängste immer stärker und möglicherweise immer destruktiver.
Es gibt nun weitere Argumente, die für eine Veröffentlichung der Liebe in die mittlere oder amtliche Öffentlichkeit sprechen.
So wird die Seelsorge mit jungen Leuten darüber sprechen, wie es denn kommt, daß es für sie keine öffentlichen Feste der Liebe mehr gibt. Kulturgeschichtlich überrascht dies, denn die Liebe hat die Menschen immer schon öffentlich zum Tanzen gebracht. Das Fest schlechthin in der Menschheitsgeschichte war das Hochzeitsfest. Was muß man für eine beschädigte Seele haben, wenn einem dieses Fest nicht abgeht? Ich bedaure daher alle, die keine Hochzeit feiern. Sie sind ärmer dran als jene vielen Paare, die ein rauschendes Fest der Liebe inszeniert haben. Das Fest der Liebe, die Hochzeit, ist ein Zugewinn an Liebe. Zur Erfahrung der Liebe gehört dazu, daß man im Alltag füreinander einsteht. Aber das allein genügt der Liebe nicht. Sie verlangt auch danach, daß man einander die Liebe auch eingesteht. Schließlich wird die Liebe noch reicher, wenn sie zum Stoff eines rauschenden Festes wird, wenn man also Einstand feiert. Und erst dann, wenn alle drei Erfahrungsweisen stattgefunden haben, habe ich die Liebe in vollen Zügen, in allen Dimensionen erlebt. Wenn kein Fest stattfindet, entfällt eine Dimension. Das ist ähnlich schlimm wie in vielen bürgerlichen Ehen, in denen Liebe nicht mehr ausgesprochen wird, man einander nichts mehr zu sagen hat, einander totschweigt. Nach einer Studie der Zeitschrift „Petra" sprechen die deutschen Ehepaare 0,48 Minuten pro Tag über persönliche Belange. Ich frage mich, was findet da noch statt an Beziehung, an Liebe! Wenn das die Realität der Eltern ist, die die Jugendlichen erleben, dann kann ich verstehen, daß sie sagen, so darf es bei uns nicht sein.
Für die Veröffentlichung einer Liebesbeziehung spricht

auch noch folgendes Argument: Wäre es nicht hilfreich, wenn die Umwelt deutlich genug erfährt, daß ich und der andere nicht mehr zu haben sind? Ich halte das für ein alltagspraktisch enormes Phänomen. Die gegenwärtige Beziehungslandschaft ist ja viel zu anstrengend. Jeder ist für den anderen permanent ein Bettpartner. Dies ist ein Symptom für die Verarmung unserer Beziehungskultur. Eine Kultur ist dann reich, wenn sie eine Vielfalt entlasteter, unkomplizierter Beziehungen zwischen den Geschlechtern kennt. Ein kleiner, wenn auch nicht unwichtiger Schritt zu einer solchen Beziehungskultur könnte es sein, daß vorhandene Verhältnisse zwischen einem Mann und einer Frau wieder klar und sichtbar gemacht werden, und dies nicht nur deswegen, weil es dann um die Moral besser bestellt wäre, sondern weil es lebensmäßig einfacher ist. Es ist einfach gut zu wissen, daß die und der nicht zu haben sind. Dieses erspart viele komplizierte Anstrengungen. Man kann dann andere Dinge des Lebens freier erledigen und braucht nicht dauernd um Leute zu werben, die nicht zu haben sein sollten. Ich wünsche unserer Kultur also einen entlasteten Beziehungsalltag, wo man auch wieder Freunde haben kann, unbekümmert, ohne Bedrohung von Ehepartnern. Es ist ja noch nicht lange her, daß man meinte, es sei ein Betrug am Partner, wenn man keine Erfahrungen aus anderen Beziehungen in die Ehe hereinbringt. Der Partner müsse das doch aushalten können. Ich halte eine solche Ehekultur für erbarmungslos. Von wahrer Liebe ist sie weit entfernt. Denn, so Roman Bleistein, eine Teiltugend der Liebe ist Erbarmen. Erbarmen meint konkret, den anderen nicht ständig zu überfordern. Genau das machen sehr viele. Wir überfordern uns permanent und maßlos. Wir tun dies, weil wir nicht merken, daß der andere latent ganz tiefe Ängste um mich hat. Eben deshalb verlangt wahre Liebe nach Erbarmen.

c) Förderung eines gemeindlich vernetzten Glaubens

Zu den großen anstehenden pastoralen Aufgaben mit

Paaren, die unverheiratet zusammenleben, gehört die Förderung eines gemeindlichen Glaubens. In dieser Hinsicht haben wir in der Pastoral besonders viel Lernen nötig, weil wir ratlos sind, was wir denn mit den Paaren, die nur wenig vom christlichen Glauben verstehen, in der Ehevorbereitung tun sollen. Großveranstaltungen von drei bis fünf Stunden am Tag reichen dazu nicht aus. Man kann in dieser kurzen Zeit aus einem Atheisten keinen gläubigen Christen formen. Ich halte das für ausgeschlossen. Man kann vielleicht ein wenig Sympathie für die Kirche und den Trauungsritus entwickeln, damit sie sich in der Kirche auskennen und wissen, wann sie stehen, knien oder singen sollen. Mehr halte ich für unmöglich. Aber es ist nicht nur eine Frage der Zeit, sondern auch der Inhalte. Was wir brauchen, ist eine Art Mystagogie, also ein Einführen in das Geheimnis, das die Liebe der beiden miteinander längst ist. Und die Theologie läßt keinen Zweifel daran, daß es ein Teil der Liebesgeschichte Gottes mit ihnen ist. Sagen wir doch im Gabengebet eines Trauungsformulars: „Gott hat euch zusammengeführt."
Teil einer solchen mystagogischen Ehevorbereitung ist es, mit den Paaren zu besprechen, was das theologisch ist, was sie bereits leben. Das Konzil von Trient, das den Männern damals zu Recht verwehrt hatte, insgeheim zu sich genommene Frauen und Kinder mit der Begründung, man habe sie ja nie öffentlich geheiratet, sitzen zu lassen, schützte mit diesem Verbot in erster Linie die sozial gefährdeten Frauen und Kinder. Es traf damit nicht primär eine dogmatische Entscheidung. In der Zwischenzeit haben sich die gesellschaftlichen Verhältnisse spürbar verändert. Dies hat aber auch unbemerkt die Auswirkungen des Konzilsbeschlusses mitverändert. Denn die meisten Katholiken sagen nunmehr, gestützt auf die in Trient eingeführte kirchliche Formpflicht: Solange Du noch nicht kirchlich getraut worden bist, bist du noch frei. Selbst nach mehreren standesamtlichen Ehen kann man immer noch kirchlich heiraten. Was wir

dabei verloren haben ist, daß nicht nur die äußere Form bindet und verpflichtet, sondern die gelebte Liebe. Eben das müssen wir in unserer Seelsorge mit den Paaren wiedergewinnen. Mit ihnen zusammen haben wir zu klären, was das eigentlich ist, was sie längst schon leben! Was bedeutet euer Alltag? Was bedeutet Wohnen und Beiwohnen auf den Prüfstand der Bibel gestellt? Die Konsequenzen aus solchen Überlegungen wären zwar kirchenrechtlich nicht faßbar, aber folgenschwerer. Wir würden so auch wiedergewinnen, was sowohl das Alte wie das Neue Testament sagen: daß nämlich allein schon aus der Begegnung der Liebe ein hohes Maß an lebensmäßiger Verbindlichkeit erwächst.

Nun wäre es für viele freilich günstiger, würde sich diese lebensmäßige Verbindlichkeit, die aus dem Wohnen und Beiwohnen erwächst, nicht so früh einstellen. Viele junge Menschen hängen heute nach ihrer ersten sexuellen Begegnung voll in den Seilen. Das hat zur Folge, daß die Chance zu einer freien Partnerwahl klein ist. Viele wählen heute nicht, sondern bleiben aufgrund „voreiliger Sexualität“ (Gunter Vist) beim ersten Partner hängen. Kann man aber mit 16 oder 17 Jahren wirklich abschätzen, ob man mit dem anderen in Frieden alt werden kann?

Außerordentlich wichtig wird es künftig auch sein, mit den Menschen über eine gediegene Sexualmoral zu sprechen. Der Grundsatz muß dabei lauten, daß der befriedigende Ort für die sexuelle Begegnung von Mann und Frau verläßliche und dauerhafte Beziehungen sind, die sich sehen lassen können und prinzipiell offen für neues Leben sind.

Worum es bei dieser pastoralen Arbeit mit den Paaren geht, kann ich an einem Gespräch illustrieren, das ich mit Kardinal Höffner hatte. Er hatte mich kritisiert, weil ich gesagt hatte, daß das, was die nichtverheiratet Zusammenlebenden faktisch tun, theologisch viel bedeutender ist als wir zur Zeit in der Kirche annehmen. Er hatte dabei freilich befürchtet, daß – wenn ich solches sage und

den nichtehelichen Lebensgemeinschaften eine hohe theologische Verbindlichkeit zuweise – bei der Hintertür herein die voreheliche Sexualität theologisch legitimiert werde. Das hatte ich aber gar nicht vor. Meine Absicht war vielmehr zu sagen: „Leute, ihr erlebt in euren kleinen Lebenswelten viel mehr an Verbindlichkeit, als ihr in eurem rhetorischen Bewußtsein wahrnehmt!" Der eigentliche Widerspruch besteht bei diesen nichtehelichen Lebensgemeinschaften nicht zwischen den Paaren und der Kirche. Der eigentliche Widerspruch besteht zwischen dem, was sie faktisch leben, und ihrem Bewußtsein. Und aus dieser Entfremdung von den inneren Folgen dessen, was sie leben, entsteht ein chronischer Zustand von Unsicherheit und Kränkung, der in der Psychotherapie immer wieder ans Licht kommt. Die Therapeuten sagen zu Recht, es sei dies alles keine Frage der Sexualität, sondern der Gerechtigkeit dem anderen Menschen gegenüber. Ich mache ihn praktisch doch irgendwie, insgeheim, ohne es zu wollen, krank. Positiv formuliert meine ich, daß viele nichtehelichen Lebensgemeinschaften der Ehe näher sind als die Paare zunächst wissen. Und ich glaube, wir sollten in unserer Pastoral sagen: „Nehmt doch einmal mit den Augen des Glaubens zur Kenntnis, was hier an Verbindlichkeit vor Gott längst stattfindet!"
Wenn die Paare das mit gläubigen Herzen anfangen zu begreifen, dann werden sie auch von innen heraus eines Tages die in der Bibel im Zusammenhang mit der Taufe überlieferte Frage (Apg 10, 36) stellen: „Was hindert es, daß wir getraut werden?" Daß viele heute so nicht reden, kommt zumeist daher, daß sie weder im christlichen Sinn gläubig sind noch in einer christlichen Gemeinde mitleben.
Von hier aus ergibt sich die für die Zukunft des Christentums in unseren Ehen und Familien wichtige Frage: Was können wir mit den Paaren zusammen tun, damit sie endlich den wahren Gott der Bibel kennenlernen? Und daß sie eingesetzt werden in eine kirchliche Gemeinde?

Oft wissen die Paare voneinander nicht, welchen Gott sie/er kennengelernt hat. Das zu wissen, gehört aber zu den Grundlagen einer gläubigen Ehe. Gläubige Partner wissen voneinander, ob der andere zärtlich ist mit seinem Gott und wie ernst ich ihn nehme. Er erfährt, ob ich Hoffnung auf die Auferstehung habe. Solche gläubigen Menschen sind zudem sehr angenehme Zeitgenossen, weil diese nicht alles von mir erwarten, sondern immer auch noch etwas von Gott erwarten, was gerade in der Liebe tröstlich und entlastend ist. Ich bin dann nämlich nicht mehr genötigt, des anderen Gott zu sein.
Wie weit weg von einer solchen christlichen Ehe sind aber selbst gut verheiratete katholische Paare! Wie fremd sind sie einander in ihren gläubigen Tiefen! Zwar sagen auch die jungen Paare: Wir kennen uns schon lange Zeit. Dabei haben sie keine Ahnung, an wen sie/er glaubt, wie gebetet wird, was für eine Geschichte mit Gott sie hinter sich haben. Ich verstehe nicht, wie man dann sagen kann, ich kenne den anderen.
Wir sollten uns also in der Ehevorbereitung, aber auch nachher bemühen, daß so etwas stattfindet wie eine Erforschung der eigenen Glaubensgeschichte. Darauf sollte sogar der Schwerpunkt gesetzt werden. Alles andere können sie auch anderswo lernen: das Streiten oder wie man mit Geld umgeht. Würden wir vor allem die gläubige Geschichte der Paare aufarbeiten, dann könnten wir auch zu jenen Paaren, die schon fünf Jahre zusammenleben, bei der Trauung ungeniert sagen: Gott hat euch zusammengeführt. Werden die Paare das verstehen, wenn wir es nicht mystagogisch zuvor mit ihnen erkundet haben? Ist es da nicht auch bedauerlich, daß manche Seelsorger bei solchen Paaren, die einige Jahre unverheiratet zusammengelebt haben, nur überlegen, wieviel Sünde passiert ist? Und auch sie sagen gleichzeitig in der Liturgie: Gott hat euch zusammengeführt. Das meine ich, wenn ich behaupte, daß dann, wenn die Mystik entfällt, das Evangelium zur Moral verkommt. Warum lernen wir also nicht vor allem die Liebesge-

schichte der Paare zu lesen als Teil der Liebesgeschichte Gottes mit ihnen? Vor allem das wäre wichtig. Wo solches geschieht, ist ein guter Boden für die Evangelisierung von liebenden Paaren bereitet. Sie könnten in den guten Zeiten der Liebe eine Ahnung bekommen, daß hinter dem gesamten Leben, das sich in der Liebe reich und farbig eröffnet und in dem man angstarm zu Hause sein kann, ein Gott steht, der es gut mit uns meint.
Ereignet sich Ehevorbereitung in einer solchen mystagogischen Weise, dann kann sie auch in der Feier der Trauung gipfeln. Bei dieser tut eine christliche Gemeinde nämlich nichts anderes als in einem liturgischen Szenario die ganze Liebesgeschichte der beiden im Zeitraffer darzustellen. In manchen Kirchengebieten gibt es dafür bewährte Bräuche. Man trennt das Paar vor der Kirche. Dann geht zuerst der Bräutigam in die Kirche und als letzte die Braut mit dem Brautführer, der den göttlichen Brautführer vertritt. Der erste Brautführer war nämlich Gott selbst, weil er dem Adam die Eva zugeführt hat. Innerhalb der Trauungsliturgie wird somit in der christlichen Gemeinde dargestellt, was wir mit den gläubigen Augen sehen, daß Gott nämlich die beiden zusammengeführt hat. Und dann sagen wir dem Paar: „Weil ihr schon die Erfahrung gemacht habt, daß es Gott gut meint mit euch, weil ihr in eurer jungen Liebe erlebt habt, daß er auf eurer Seite steht, deshalb könnt ihr ihm auch in Zukunft trauen, daß er bei euch bleibt und mit euch geht. Und setzt darauf, daß im Umkreis des Vertrauens auf ihn echte, wahre Liebe möglich ist."

Scheidung, was dann ...?

Fragment einer katholischen Geschiedenenpastoral*

Man braucht keine Gruselstatistiken – obwohl man solche durchaus vorlegen könnte –, um zu begründen, daß auch die katholische Kirche und ihre Seelsorge am Faktum der Scheidung nicht mehr vorbeikommt. Zudem müßten wir Christen uns ja auch dann um dieses dramatische Phänomen menschlichen Lebens kümmern, wenn sich nur ganz wenige Menschen scheiden ließen. Das Interesse des Christen an Lebensschicksalen darf nicht erst dann aufkommen, wenn es viele und zumal auch viele von uns Christen selbst betrifft. Dies ist allerdings heute der Fall. Auch unter Kirchenmitgliedern hat in den letzten Jahren – trotz kirchlichen Scheidungsverbots – die Zahl der Scheidungen mächtig zugenommen.

Nun kann man sich als Christ mit dieser Frage in sehr unterschiedlicher Weise befassen. Wenn ich mit Seelsorgern zusammen bin, dann treibt die Diskussion zumeist sehr schnell zu der Frage nach der Zulassung wiederverheiratet Geschiedener zur Kommunion und zuvor zur Beichte. Eine solche Diskussion ist sicherlich wichtig und hat ja durch die einschlägigen Passagen im Apostolischen Schreiben Johannes Pauls II. über die familiäre Schicksalsgemeinschaft („Familiaris consortio“ in den Nummern 83 und 84) neue Nahrung bekommen. Doch ist eine Diskussion, die sich in erster Linie mit der Zulassung zu den Sakramenten beschäftigt, viel zu eng; sie wäre auch allzu kirchennarzistisch. Vor allem ist mit ihr kaum noch ein Dienst an jenen Menschen geleistet, die schon vor der Scheidung und auch nachher zu der Kirche wenig Bezie-

* Weiterführung von Paul Michael Zulehner, Scheidung, was dann . . .? Fragment einer katholischen Geschiedenenpastoral, Düsseldorf [2]1983.

hung hatten und haben, für welche die Scheidung aber doch ein markanter Lebenseinschnitt ist, in dem solidarische Unterstützung auch durch die Kirche eine Wohltat sein könnte. Solche Lebenshilfe durch uns Christen wird aber nur dann möglich werden, wenn wir unsere pastorale Grundhaltung doch erheblich verändern. Es ist dann in erster Linie nicht zu fragen, was folgt aus einer Scheidung für das innerkirchliche Leben? Vielmehr muß die Frage lauten: Wie geht das Leben nach der Scheidung weiter, welche Möglichkeiten können die Betroffenen und ihr Umgebung ergreifen, damit den Geschiedenen, die ohnedies eine schwere Scheidungslast zu tragen haben, nicht durch die Kirche zusätzlich Lasten auferlegt werden? Anders: Gibt es auch für die Geschiedenen ein Evangelium, eine gute Nachricht? Können auch sie hoffen, daß sie aufatmen, weil es uns Christen und den am Evangelium orientierten Umgang der Christen mit ihnen gibt?
Wir versuchen nun, ein paar Überlegungen zu einer solchen Geschiedenenpastoral vorzulegen. Dabei wird sich zeigen, daß nicht der den Menschen am meisten liebt, der ihm in allen seinen Entscheidungen widerstandslos recht gibt. Liebe bedeutet auch Kritik, Auseinandersetzung, Anschauen der Schuld, aber auch Annehmen des anderen in jener Situation, die nicht mehr ungeschehen gemacht werden kann, aber eben durch tragische und schuldhafte Umstände herbeigeführt worden ist.
Zuerst schauen wir uns Erfahrungen an, die Menschen heute rund um eine Scheidung machen. Sodann werden wir fragen, was wir als Kirche angesichts solcher Erfahrungen vieler Menschen tun können.

I. Erfahrungen, wissenschaftlich bedacht

1. Wer von der Scheidung verantwortlich reden will, muß zuerst über die Ehe nachdenken. Denn die Scheidung ist ja offenbar das Ende einer gemeinsamen Lebensphase mit einem Menschen, die wir in unserer Kultur Ehe nennen. Die Ehe ist, zumal in unserer immer mehr verwalteten Gesellschaft, ein wichtiger Lebensort. Ehe ist der Lebensraum, in dem zentrale Lebenshoffnungen des Menschen angesiedelt sind. Scheidung ist dann aber das Ende einer Hoffnungsgeschichte (wobei offen bleiben kann, ob das wirkliche Ende dieser Hoffnungsgeschichte mit der Veröffentlichung dieses Endes auch zeitlich zusammenfällt, was eher unwahrscheinlich ist). Welches sind aber nun die Hoffnungen, die Menschen an eine eheliche Lebens- und Schicksalsgemeinschaft herantragen? Was hat die Geschiedenen bewegt, jene gemeinsame Geschichte mit einem anderen Menschen anzufangen, die nun in der Scheidung zu Ende geht? Man könnte sagen: „Am Anfang war der Wunsch", und zwar der Wunsch nach einem einigermaßen friedvollen Lebensalltag, in dem es auch einige Feste gibt. Es ist der Wunsch, daß in einem versöhnten Alltagsleben wichtige Grundwünsche des Menschen vorkommen können:

– Da ist zum ersten der Wunsch, einen Namen zu haben. Der Mensch ist ja das seltsame Lebewesen, das sich selbst nicht ins Gesicht schauen kann. Will ich wissen, wer ich bin, was ich wert bin, wie ich aussehe, dann brauche ich zumindest einen Spiegel. Der beste Spiegel für den Menschen aber ist der Mitmensch, und zwar für den Mann die Frau und für die Frau der Mann. In den Festen der Liebe, die sie, einander zugewandt begehen, erfahren sie, wer sie als Mann und Frau sind. Nicht zufällig sagt daher das erste Buch der Bibel, die Genesis: Adam „erkannte" seine Frau und beschreibt eben damit die erotisch-sexuelle Begegnung zwischen dem Mann und der Frau.

– Die eheliche Beziehung ist sodann ein bevorzugter

Ort, an dem ein Leben entstehen soll, das von uns selbst verantwortet wird. In der kleinen Lebenswelt von Ehe und Familie haben wir, zumal heute, da wir in fast allen öffentlichen Lebensbereichen nach fremden Gesetzen zu leben und zu arbeiten haben, den unbeugsamen Anspruch, unsere eigene, selbstmächtige Geschichte zu schreiben, ein Leben zu leben, wie wir es uns wünschen. Wir wünschen also, in eigener Verantwortlichkeit unsere Lebens- und Liebesgeschichte zu verfassen, sie gleichsam als unser Werk hervorzubringen, einschließlich jener bleibenden Werke, die unsere Kinder sind, die wir zeugen, gebären und nach unserem Bild und Gleichnis formen. Ehe ist also ein bevorzugter Raum für Kreativität und Generativität: zumindest sollte sie es sein.

– Schließlich ist die Ehe jener Ort, an dem wir nicht nur wachsen wollen, sondern auch wurzeln. Wer gut verheiratet ist, sagt eben auf die Frage, wo er daheim ist, „bei meinem Mann“, „bei meiner Frau“, „in meiner Familie“. Wie gut ist es, wenn Menschen einander als „heim-lich“ erleben, „aufge-räumt“, „vertraut“. Das Buch Sirach (36,27-31) beschreibt dies aus der Perspektive des Mannes treffsicher:

„Wer eine Frau gewinnt, macht den besten Gewinn:
eine Hilfe, die ihm entspricht, eine stützende Säule.
Fehlt die Mauer, so wird der Weinberg verwüstet,
fehlt die Frau, ist einer rastlos und ruhelos.
Wer traut einer Horde Soldaten,
die dahinstürmt von Stadt zu Stadt?
So steht es mit einem Mann, der kein Heim hat:
Er geht zur Ruhe, wo es gerade Abend wird.“

Natürlich besagt unsere ehe- und familienanthropologische Analyse nicht, daß jeder, der sein Leben mit der Geschichte eines anderen verknüpft und wünscht, „in Frieden mit ihm alt zu werden“ (wie dies die japanische Kultur sehr einfühlsam und weit weniger romantisch übersteigert formuliert als unsere europäische Kultur), um diese unveräußerlichen Wünsche ausdrücklich weiß. Doch zeigen alle Umfragen über die Lebensheiligtümer

der Menschen, daß von diesen Grundhoffnungen alle Menschen erfaßt sind und daß auch für die meisten (deshalb) gerade Ehe und Familie eine überaus wichtige Rolle spielen.
Genau eine solche Geschichte, die angetrieben war durch diese fundamentalen Lebenswünsche der Eheleute, geht in der Scheidung zu Ende. „Scheidung“ (so die erste These) ist daher verstehbar als die (öffentliche) Beendigung einer (schon länger enttäuschten) Hoffnungsgeschichte: nämlich der Hoffnung, mit einem ander(sgeschlechtlich)en Menschen in Frieden (1 Kor 7, 15) alt zu werden und darin (spurenhafte) Erfüllung tiefer menschlicher Grundwünsche zu erleben.
2. Nun ist es erstaunlich, daß trotz der zunehmenden Wertschätzung von verläßlichen und intimen Zweierbeziehungen die Zahl der Scheidungen zugenommen hat. Dies kann vielfältige Gründe haben. Zunächst könnte ja die wachsende Wertschätzung genau auf die dahinterstehende Krise des Wertgeschätzten verweisen. So wie uns eben die Gesundheit auch erst dann interessiert, wenn wir krank sind, schätzen die Leute Treue und Verläßlichkeit, wenn sie rar geworden sind. Dann aber ist weiter zu fragen, was die Kluft zwischen dem Wunsch und seiner Lebbarkeit so aufreißt. Hier spielt eine Reihe von Gründen eine Rolle:
– Zunächst ist – zumindest vordergründig – unsere freiheitliche Gesellschaft an der Ehe weniger interessiert als frühere Zeiten. Dabei interessierte sich die frühere Gesellschaft vor allem deshalb für die Ehe, weil man eine große Zahl von Nachkommen brauchte, als Arbeitskräfte, als Soldaten, als Altersversicherung. Heute spielt (unter dem Stichwort „Generationenvertrag“) lediglich das Letzte eine Rolle: Wer wird morgen die Pensionen zahlen, wenn es keine nächste Generation gibt oder diese nicht genug Arbeit findet? Gesellschaftliches Desinteresse an der ehelichen Institution drückt sich darin aus, daß sowohl die Ehedauer als auch die innere Gestalt der Ehe nicht mehr gemeinsam gestaltet und geschützt wer-

den. Die Eheleute müssen selbst zusehen, wie sie mit ihrem privatisierten Leben zurechtkommen. Natürlich müßte aus einer solchen gesellschaftlich neuartigen Bewertung der ehelichen Gemeinschaft keineswegs ihre Schwächung folgen. Auch in Freiheit ist Treue und Liebe möglich – ja vielleicht sogar redlicher und wahrscheinlicher. Aber solche freie Treue stellt eben auch erhöhte Anforderungen: an die Ehereife, an die Ichstärke, an die Beziehungsfähigkeit, an die Bereitschaft, Krisen schöpferisch durchzutragen und gegebenenfalls auch in übermächtigen Krisen durch Beratung von außen Bewältigungsenergien zuzuführen. Sind aber unsere Leute zu einer solchen spannenderen und aufregenderen, weil freieren Form der Liebe und der Treue fähig?
Manche bezweifeln dies, und zeigen dabei auch nicht gleich mit dem Finger auf die Schwäche der Leute, ihre Treulosigkeit und ihren mangelnden Willen, auch in „bösen Tagen" treu zu sein. Vielmehr erinnern sie zu Recht daran, daß wir in einer auf das Materielle überkonzentrierten Kultur leben, die den Menschen vom Lebensbeginn an verwöhnt, weil nur der narzistisch verwöhnte und deshalb ichschwache Mensch auch bereit ist, die überflüssigen Glücksgüter unserer Warengesellschaft bereitwillig und widerstandslos zu kaufen. Qualitäten wie Treue, Fähigkeit zu belastbarer Beziehung, Krisenfestigkeit, Durchhaltevermögen, haben nur erschwert Chancen. Wie aber soll nun der Mensch ein Leben lang treu sein: wobei „ein Leben lang" heutzutage 40 Jahre im Schnitt dauert, früher aber nur 10, was auch eine zusätzliche Verschärfung des Problems ist.
Zu all diesen profansoziologischen Ursachen kommt sicherlich noch hinzu, daß auch die religiöse Legitimation der Ehe bei vielen Menschen heute geschwächt ist. Noch 1968 haben Angehörige des österreichischen Bundesheers nach einer Untersuchung von Adolf Holl und Josef Fischer behauptet, die Kirche tue für den Bestand der Ehe mehr als alle staatlichen Gesetze. Offenbar hatten selbst diese Männer noch eine Ahnung von der

alten Weisheit, „daß die Ehen im Himmel geschlossen werden", und wenn dies der Fall ist, „kann der Mensch sie eben nicht mehr trennen". Aber der Himmel ist doch praktisch heute im alltäglichen Leben für die meisten Menschen verschlossen. So ist die Ehe wirklich ein „weltlich Ding" geworden, übergeben der Verfügbarkeit nicht nur der Gesellschaft (was die Ehe durchaus noch der Kraft des „sozialen Dritten" anvertrauen würde), sondern eben der Verfügbarkeit von zwei zur Untreue fähigen Personen. Und es ist nichts labiler und gebrechlicher als Entscheidungen, die lediglich auf dem Willensentschluß von zwei Menschen beruhen, so der Soziologe Georg Simmel. Der heilige Baldachin, der bei der jüdischen Hochzeit eine so faszinierende Rolle spielt, ist nicht mehr da, der heilige Schild der Religion bewahrt die Menschen nicht mehr vor den zerstörerischen Angriffen der Ehe von außen und von innen.

Natürlich behaupten wir mit dem Aufzählen von gesellschaftlichen und religionssoziologischen Ursachen nicht, daß bei einer Scheidung nur die Umstände „schuld" haben und deshalb – moralisch besehen – die Menschen eben aus unschuldiger Tragik geschieden werden. Vielmehr ist eine Scheidung stets ein Gemenge von persönlicher Schuld und unentrinnbarer Tragik. Wer könnte denn auch nicht Beispiele von Frauen und Männern erzählen, die, um die eigenen Lebenschancen stets auf Kosten anderer zu maximieren, „über Nacht" nach langen Ehejahren ihren Partner und vielleicht auch ihre Kinder verlassen: „weil man einen besseren gefunden" hat, und man eben einen alten Anzug weggibt, wenn man sich einen schöneren kaufen kann. Wer kennt nicht auch jene Beziehungsausbeuter, die mutwillig in den jahrelang bebauten Weinberg eines andern einbrechen und die schönsten Reben davontragen? Es gibt wahrlich auch immer noch das, was die Bibel himmelschreiende Schuld nennt, weil eben manchen von uns Menschen das Hemd näher bleibt als der Rock und wir, getrieben von der ungezähmten Daseinsangst, meinen, zu kurz zu kommen und nicht alle Möglichkeiten ausgeschöpft zu haben, wenn wir nicht mehrere Möglichkeiten zugleich oder wenigstens hintereinander ergreifen. Vielleicht steckt hinter einer solchen Hast nach der Maximierung der persönlichen Lebenschancen, eine Strategie, die uns lange als „Selbstverwirklichung" angeraten wurde, das, was Horst Eberhard Richter als „Gotteskomplex" beschrieben hat, nämlich der Aufstand des Menschen gegen seine Endlichkeit und darin der Wunsch, eben nicht nur begrenztes und fragmentarisches Glück erleben zu können, sondern eben jetzt schon das heile und ganze Leben erzwingen zu müssen. Ja, vielleicht ist hinter dieser unseligen und destruktiven Hast nach dem Glück, das manche eben in einer ehelichen Beziehung nicht mehr zu finden meinen, und daher stets „Don-Juan-haft" von einer Beziehung zur anderen hasten, noch einmal jene maßlose Sehnsucht verborgen, die dem Menschen solange keine Ruhe läßt, bis er an Gottes Herz selbst geraten ist. Die Tragik ist eben nur, daß die Sehnsucht nach dem maßlosen Glück bei mittelmäßigen und manchmal überdurchschnittlichen Menschen gesucht wird: und am Ende auch dort vermutlich sich als mäßig erweist.

Natürlich gäbe es zu dem Gesagten noch vieles hinzuzufügen, wollte man die Analyse der Scheidungsursachen noch weiter vorantreiben. Zu reden wäre von der Mobilität heutiger Menschen, von den „Familienschließfächern", die Beziehungen zu anderen Menschen auch nicht gerade begünstigen und die Ehen und Familien vereinsamen lassen, zu reden wäre vom Rollenwandel der Frauen, der bei vielen angefangen hat, stattzufinden, und vom Rollenwandel der Männer, der allzuoft aussteht, was sehr viele Frauen veranlaßt, sich scheiden zu lassen: Von denen, die die Scheidung einreichen, sind über 70% Frauen.

3. Auch kann hier nicht weiter ausgeführt werden, was die These drei annimmt, daß sich natürlich die Scheidungen auf die beiden Geschiedenen sehr wohl unterschied-

lich auswirken können. Die einen atmen auf, weil sie aus einem „Ehegefängnis“ herauskommen, das allerdings den Namen Ehe kaum noch verdient. Andere wiederum, meist jene, welche die Scheidung nicht wollen, geraten nicht selten an den Zusammenbruch ihres Lebens, das sie ja mit dem anderen aufgebaut haben, in dem der andere eine tragende Säule war, die nun, in der Scheidung, nicht mehr trägt. So geraten nicht wenige in tiefe Depressionen, die auch damit zu tun haben, daß sie ohnmächtig dem Schritt des anderen zuschauen müssen, ihre Heimat verlieren, die der andere für sie war, und vor allem Zweifel an ihrer persönlichen Selbstachtung bekommen, weil die Abwendung von einem Menschen genau das Gegenteil der von der Ehe so sehr erhofften Zuwendung bringt: nämlich nicht Ansehen, nicht Erkennen und Anerkanntsein, sondern Verachtung, Zerstörung des Selbstwertgefühls und der Selbstachtung. Dies, so könnte man meinen, ist in erster Linie bei den geschiedenen Frauen der Fall. Doch kenne ich Männer, die mit genau diesen Symptomen aus einer raschen Scheidung hervorgegangen sind.

4. Wie immer eine Scheidung zustandekommt: Jedenfalls bleibt auch nach der Scheidung die Kernfrage jedes menschlichen Lebens gestellt, ja sie wird durch das Scheidungsschicksal noch akuter, wie nämlich nach der Scheidung ein Leben in Frieden weitergehen kann. Jeder Rat, der Menschen gegeben wird, hat sich an diesem Prinzip der Bibel zu orientieren. „Denn dazu hat Gott uns berufen“, zu „einem Leben in Frieden“, wird in 1 Kor 7,15c von Paulus behauptet.

II. Und wir als Kirche?

Fragen wir also in einem zweiten Teil, was wir Christen als einzelne und als Kirche tun können, damit die Menschen in unserer Gesellschaft trotz wachsender Beziehungszweifel und damit verknüpft mit zunehmender

Scheidungsbereitschaft dennoch wenigstens spurenhaft ein Leben in Frieden finden.

1. Hier ist zunächst prophylaktisch zu arbeiten. Wer immer nur hinterher die Symptome kurieren will, erweist sich als schlechter Arzt. Dies trifft auch auf unsere Frage zu. Grundsätzlich haben wir Christen also, so gut wir können, die Scheidung vorbeugend zu verhindern. Dies geschieht am besten dadurch, daß wir versuchen, die Ehe so erfüllend zu leben, daß eine Scheidung gar nicht in Frage kommt. Wahrscheinlich ist dies sprachlich die beste Art, heute von der überlieferten und vom Evangelium dem Glaubenden zugemuteten „Unauflöslichkeit der Ehe" zu reden. Man könnte in diesem Zusammenhang auch so von der ehelichen Treueforderung reden: „Das Problem ist nicht, daß einer oder eine ‚fremdgeht', sondern daß zuvor schon die Ehe ‚zur Fremde' geworden ist. Wer das Haus seiner Ehe nicht mehr wohnlich hält, bricht eben die Ehe."

Nun haben die Christen in den letzten Jahrzehnten für eine solche vorbeugende Scheidungspastoral zweifelsfrei viele Initiativen ergriffen. Ich denke an die Sorge um die subjektive Ehereife durch die entferntere und nähere Ehevorbereitung (auch wenn niemand behaupten wird, daß hier nicht noch Besseres möglich wäre). Es gibt auch die Sorge um ehefreundliche Lebensumstände in der Ehepolitik. Dazu kommt auch die Einrichtung von familienübergreifenden Lebenseinheiten (wie Runden, Nachbarschaften, Kommunitäten), in denen für unsere heutigen Erfordernisse Lebensstile entworfen werden, die eine freie Treue aus dem christlichen Glauben heraus ermöglichen. Wir sollten ohne große Panik angesichts der wachsenden Scheidungszahlen auch unter Katholiken besonders in der Prophylaxe, also in einer guten Ehepastoral, Phantasie, Zeit und Personen investieren.

2. Scheitert aber dennoch eine Ehe (zumal eines Katholiken), dann sollte einmal grundsätzlich gefragt werden, ob es sich überhaupt menschlich (und daher auch rechtlich) um eine Ehe gehandelt hat. Mir gibt es zu denken,

wenn in den letzten Jahren die ehedauerspezifische Scheidungsziffer von sieben auf zwei bis drei Jahre gesunken ist. Anders: Die Scheidungen finden heute schon relativ bald statt. Ist dies nur deshalb, weil eben viele schon vor der Eheschließung mehrere Jahre wie Eheleute zusammengelebt haben? Dies wird als Erklärung nicht ausreichen. Vielmehr werden viele Menschen unter den Geschiedenen sein, die aus noch mangelnder Lebens- und Ehereife heraus eine Lebensgemeinschaft eingegangen, unter den Anforderungen dieser Zeit erwachsen geworden sind und dann rasch merken, daß sie nicht zusammengehören. Freilich, solche „Nichtigkeitsgründe" sind auch heute schwer faßbar, obwohl das neue Kirchenrecht darauf einzugehen versucht. Kennerinnen der römischen Ehegerichtspraxis (wie Martha Wegan) vertreten die Ansicht, daß weit mehr geschiedene Ehen als angenommen „nichtig" seien. Freilich, manchmal machen wir es uns in dieser Hinsicht auch zu leicht. Denn sind wegen später erkannter Nichtigkeitsgründe nicht die Menschen doch zunächst willens gewesen, miteinander alt zu werden? Gerät eine allzu eilfertige Praxis der Nichtigkeitserklärungen nicht in Gefahr, menschliche Lebensschicksale nicht genügend ernst zu nehmen – damit man eben weniger kirchenrechtliche und pastorale Probleme hat? Aber immerhin: Wer zur Überzeugung kommt, daß das, was man wollte, im Grund keine Ehe war, tut gut daran, dies auch amtlich feststellen zu lassen, um guten Gewissens frei zu sein für eine wirkliche und menschlich bessere Ehe.

3. Nun gibt es heute auch unter Seelsorgerinnen und Seelsorgern wie unter Katholiken verbreitet die Auffassung, daß es unzumutbar ist, wenn Geschiedene nicht in angemessener Zeit nach der Scheidung wieder eine neue feste Lebensgemeinschaft eingehen dürfen. Und es liegt dann auf der Linie dieser Annahme, daß deshalb auch die Kirche, vielleicht nach einiger Zeit wiederum, diese Wiederverheirateten ins volle Leben ihrer Christengemeinde aufnehmen sollte.

Mir scheint, daß bei einem solchen eilfertigen Denken doch wichtige Überlegungen sowohl theologischer wie humanwissenschaftlicher Art übersehen werden: nämlich die Möglichkeit, daß selbst eine vermeintlich verfahrene Ehesituation wieder mit Leben erfüllt werden kann, und daß es zudem auch die menschlich durchaus interessante Form geben kann, nach der Scheidung allein zu leben.

Mehr als wir es in unserer kirchlichen Rede tun, sollten wir also für die Geschiedenen die unglaubliche Kunde bereithalten, daß es die Möglichkeit der Auferweckung des Menschen aus dem „Tod der Beziehungen" gibt. In der Diskussion um das Scheidungsrecht in den letzten Jahrzehnten hat der Begriff der „Eheleichen" eine wichtige Rolle gespielt. Man hat dabei angenommen, daß das, was eben einmal endgültig tot ist, nicht mehr zum Leben kommen kann. Dafür mögen gewiß viele einzelne Erfahrungen sprechen. Aber es gibt durchaus Gegenbeispiele. Ein Mann, der geschieden war, hat seine Frau nie abgeschrieben. Er war treu geblieben. Sie hatte zwar geheiratet. Aber auch diese zweite Ehe scheiterte. Dann begegnete sie eines Tages wieder ihrem ersten Mann. Die „alte Liebe", die unwiderruflich für tot erklärt worden war, lebte wieder auf, gewiß in einer neuen, behutsamen und zunächst auch skeptischen Weise. Aber es gab eine „Auferstehung" aus dem Grab der Liebe. Wer sich noch ein wenig Feinfühligkeit und Fähigkeit zur Sehnsucht bewahrt hat – wen rührt eine solche Begebenheit nicht an? Natürlich hält man sie für märchenhaft, unwahrscheinlich. Aber gehört es nicht geradezu zum Wesen des christlichen Glaubens, das wir Unmögliches für möglich halten? Noch mehr: Schreitet nicht eben nur jener Mensch seine Möglichkeit aus, wenn er stets nach dem Unmöglichen aus ist, während der, der nur das für möglich hält, was er eben jetzt lebt, nie wirklich weiterkommt?

Von humanwissenschaftlichen Experten erfahren wir dasselbe in anderer Sprache. Da werden Lebenskrisen untersucht. Es wird beobachtet, daß heutige Menschen eine frappierende Neigung haben, Krisen möglichst aus dem Weg zu gehen, also zu versuchen, möglichst „schmerzfrei“ und „lustvoll“ zu leben. Was diesen Menschen aber dabei entgeht, ist die Möglichkeit des Wachstums. Denn Wachstum ist untrennbar geknüpft an Krisen, also an das Vergehen, damit Neues werden kann. Eben das ist das Wesen der Krise. Schnelle Scheidungen, wie wir sie heute bei vielen beobachten, verhindern gerade dieses Wachsen in kreativen Krisen. Gewiß, es ist noch einmal darauf hinzuweisen, daß Krisen nur dann kreativ sind, wenn auch die Kräfte, die zur Verfügung stehen, der Lebenskrise einigermaßen angemessen sind. Fehlen die Kräfte, dann kippt die kreative Krise leicht in eine destruktive um. Aber ist dann die Flucht der beste Weg? Wäre es nicht besser, ein Bündnis mit Gott und den Menschen einzugehen und sich dadurch Kräfte zur Krisenbewältigung zu verschaffen? Noch einmal: Schnelle Scheidungen verhindern das Reifen.

4. Selbst wenn aber eine solche Erneuerung der alten Liebe (zur Zeit) nicht gelingt und eine Scheidung stattfindet, ist es auch nicht das Nächstliegende, bald wieder zu heiraten bzw. wieder eine feste Lebensgemeinschaft einzugehen. Mir ist dies deutlich geworden, als mir das Buch eines amerikanischen Ehepsychologen in die Hand fiel mit dem Titel: „Nach der Trennung wieder glücklich. Wege vom Wir zum Ich“. Stephen M. Johnson, der Verfasser dieses Beratungsbuches, plädiert also nicht für einen Weg vom Wir zum Wir, sondern vom Wir zum Ich. Er tritt, und dies weit weg von kirchlichen Voraussetzungen, für eine Kultur des Alleinlebens ein. Dahinter steht die Annahme, daß für das Scheitern der Ehe nicht zuletzt die mangelnde Fähigkeit von Partnern steht, es zunächst einmal mit sich selbst auszuhalten. Deshalb würden übermäßige Erwartungen an den Partner und die Ehe gerichtet, die unerfüllbar sein müssen und daher eine Art geheime Garantie für das Scheitern aller Beziehungen darstellen.

Die Kirche bekommt also von unerhoffter Seite eine Unterstützung für ihren Rat, daß, wenn es schon nicht anders geht, als daß Eheleute sich trennen, es also, wie das Kirchenrecht es formuliert hat, eine „Trennung von Tisch und Bett gibt", sie in diesen „ganz bösen Tagen" lernen sollen, eben allein zu leben. Der Theologe wird sogar mutmaßen dürfen, daß es zum Charisma ehelicher Treue gehört, daß ein Ehepartner zu einer solchen Treue, also zu befriedetem Leben in diesen „ganz bösen Tagen" fähig ist. Ist dies aber der Fall, dann kann auch couragiert nach einer solchen Kultur des Alleinlebens nach der Scheidung gefragt werden. Mehrere Momente werden dabei eine Rolle spielen: Wie kann der angeschlagene Selbstwert wiedergewonnen werden? Wie wird Schuld verarbeitet? Welche Probleme wirft das Alleinerziehen auf? Welche erzieherischen Probleme (wie denkt die Mutter über den Vater, der sie verlassen hat, und welches Bild vom Vater übermittelt sie dadurch den Kindern, die bei ihr leben?) und welche wirtschaftlichen Nöte können entstehen? Wie kann gewährleistet werden, daß aus dem Alleinsein und seinem Segen an Einsamkeit nicht Vereinsamung wird? Wie sieht also eine Kultur des befriedeten und durchaus geselligen Alleinlebens aus? Denn kein Mensch kann ohne Beziehungen leben, auch nicht der Ehelose, auch nicht der Geschiedene. Dafür wäre es hilfreich, könnte es morgen in Gesellschaft und Kirche wieder so etwas geben wie vielfältigere Formen von zwischenmenschlichen Beziehungen. Es gehört ja zum Elend unserer Beziehungslandschaft, daß Beziehungen zumal zwischen Männern und Frauen nur allzu rasch zu „quasi-ehelichen Beziehungen" werden und andere Beziehungsformen, die das Leben reich machen, immer rarer geworden sind (oder dabei sind, eben doch wieder zu entstehen).
Man wünscht sich natürlich von unseren Christengemeinden, daß sie der Ort wären, wo ohne Selbstmitleid und unangemessenem Wehleid eine solche Kultur des Alleinlebens entwickelt werden kann. Es wäre zu wün-

schen, daß Menschen im Beziehungsnetz einer Christengemeinde eingebunden werden und, wenn sie beim Trapezakt ihrer Ehe abstürzen, wenigstens vom Netz der Christengemeinde aufgefangen würden. Man kann an dieser Stelle nicht ausdrücklich genug die Mahnung aus dem päpstlichen Schreiben vom November 1981 in Nr. 84 wiederholen, daß es innerhalb der Christengemeinde keinerlei Diskriminierung, weder für Geschiedene noch für Wiederverheiratete geben dürfe. Es ist ja auch nahezu dogmatischer Zynismus, wenn manche für die Zulassung zu den Sakramenten kämpfen (was offenbar das Leichtere ist) und nichts tun, um die Zulassung zum alltäglichen Leben der Christengemeinde zu gewährleisten. Was nützt eine sakramentale Communio, wenn sie einhergeht mit einer lebensmäßigen Exkommunikation!
5. Lassen Sie mich abschließend einen Gedanken vortragen, der im Denken der Kirche des Anfangs sehr geläufig war, heute aber selbst in den amtlichen Dokumenten der Kirche über die Ehe kaum vorkommt: nämlich die Relativierung der Ehe.*
Zwei Texte aus den biblischen Ursprungsgeschichten der Christen können uns zugänglich machen, was ich mit dieser Relativierung der Ehe meine. Da ist zunächst die Aufforderung des Apostels Paulus an die Christen in Korinth, die sich so anhört:

„Denn ich sage euch, Brüder: Die Zeit ist kurz. Daher soll, wer eine Frau hat, sich in Zukunft so verhalten, als habe er keine, wer weint, als weine er nicht, wer sich freut, als freue er sich nicht, wer kauft, als würde er nicht Eigentümer, wer sich die Welt zunutze macht, als nutze er sie nicht; denn die Gestalt dieser Welt vergeht." (1 Kor 7,29-32)

Paulus hat etwas verstanden – nicht nur von der Vergänglichkeit dieser Welt. Was ihn – mit den ersten Christen

* Mehr dazu: Paul Michael Zulehner, Ungehaltene Hirtenreden. Menschlichkeit darf maßlos sein, Freiburg ^{3}1989.

– bewegt, ist die Erfahrung, daß eine neue Zeit angebrochen ist mit Jesu Auferweckung von den Toten, und mit dieser neuen Zeit auch ein neuer Lebensstil. Es ist die „Praxis des Himmels“ (Rudolf Pesch), die Praxis einer zugleich noch utopisch-ortlosen und doch im Grund unseres erlösten Daseins schon gegenwärtigen Welt. Für die Christen war daher das Leben in den christlichen Gemeinden der kühne Versuch, die Lebensgesetze der noch ausstehenden Welt jetzt schon zu leben, also dem, was noch keinen Ort hat (griechisch also Ou-topie), einen Ort (topos) zu geben. Christen leben also die Verortung von noch Ortlosem.

Dieses drückte sich nicht zuletzt in einem neuen Gefühl der Zusammengehörigkeit der Christen aus. Sie wußten sich nicht mehr in erster Linie den Lebensformen der „alten Welt“ verknüpft. Also auch nicht der Ehe und der Familie. Vielmehr hatten sie ihre Wurzeln geschlagen in jener Familie, die (weltlich besehen) vaterlos war, weil die Vaterstelle Gott selbst eingenommen hatte. Die Erstzugehörigkeit der Christen galt somit der Christengemeinde, und, soweit dies eben noch notwendig war, der Ehe und der Familie. Wer verheiratet ist, soll also so leben als wäre er es nicht. Denn das ist am Ende nicht das Wichtigste, weil es ja vergeht. Was bleibt, ist die Einwurzelung in die neue Menschheit, in den Bereich Gottes.

Ähnliches entnehmen wir auch aus dem provokanten Streitgespräch Jesu mit den Sadduzäern, also einer jüdischen theologischen Richtung, welche die Auferstehung des Menschen leugnete. Um nun diese Idee der Auferstehung lächerlich zu machen, brachten sie das Beispiel der Leviratsehe vor: Danach hatte eine jüdische Frau die Pflicht, für den Fall, daß ihr erster Mann verstarb und keine Kinder hinterließ, dessen Brüder zu ehelichen – und dies, damit eben Kinder kommen und aus dieser Generation der Messias hervorgehen könne, was der Wunschtraum jedes Juden war. Da war also, so die Diskussionspartner, die Jesus in Verlegenheit bringen wollten, eine Frau, die hatte sieben Männer. Mit wem wird sie nun im Himmel verheiratet sein. Und Jesus darauf: Im Grund mit niemandem mehr. Denn da werden wir (was unsere Beziehungen betrifft) wie die Engel sein. Also wird im Himmel nicht mehr geheiratet. Was manche Pfarrer traurig macht und denken läßt, also nicht einmal dort. Doch ist es offenbar nicht die Absicht Jesu, Enttäuschungen zu verursachen, sondern von der größeren Möglichkeit des Menschen im Reich des Himmels zu reden. Es wird nicht mehr geheiratet, weil in Gott alle untereinander so nahe sein werden, daß die Begrenzung menschlicher Liebeskraft auf einen Menschen nicht mehr erforderlich ist. Himmel bedeutet somit Entgrenzung der Fähigkeit zu lieben. Ehe hingegen ist ein Tribut an die derzeitige, aber eben vergängliche Begrenzung menschlicher Liebesfähigkeit.

Die Christen waren nun aber so verrückt, etwas von dieser erwarteten Entgrenzung der menschlichen Liebeskraft jetzt schon vorwegzunehmen. Sie waren (in einem freilich im Rahmen unserer langweilig-bourgoisen Kultur unverständlichen Weise) „mit allen verheiratet". Das ist zweifelsfrei auch der Hintergrund des vorher berichteten Textes aus dem Brief an die Christen in Korinth.

(Natürlich mag mancher gut Verheiratete dann sagen: Das ist aber schade. Ich möchte doch mit meiner Frau, mit meinem Mann, auch die Seligkeit Gottes teilen. Solchen Menschen wäre zu sagen, daß sie ihren Ehepartner, wie die Jünger den auferweckten Jesus an den Wundmalen, auch an diesen erkennen werden.)

Aus einer solchen theologischen Analyse folgt aber nicht Unwichtiges für die Kultur der ehelichen Beziehung. Diese wird nicht abgewertet. Sie bleibt Gabe Gottes an den Menschen, damit ihm außerhalb des Paradieses das Leben gelingt. Sie bleibt Grund für den Lobpreis Gottes, für Dankbarkeit. Ehe bleibt auch eine Spur und Ahnung jenes Lebensfestes, das noch aussteht und nicht mehr scheitern wird, welches wir das hochzeitliche Fest des ewigen Lebens nennen, für das die weltliche Hochzeit Ahnung und Vorspiel ist. Dies alles bleibt unbestritten.

Doch wird zugleich dieses Glück relativiert. An seine Vergänglichkeit wird erinnert. Es wird deutlich gesagt, daß der Mensch eben nicht für den Menschen (auch nicht in der Ehe), sondern für Gott geschaffen ist. Ehe wird also relativiert. Und genau dies wäre ein Segen für eine gedeihliche Kultur menschlicher Liebe in der Ehe. Die Übererwartungen, die schon manche Ehe zerstört haben, wären im Grund abgebaut, ist doch der andere nicht Gott, sondern hat das Recht, ein mittelmäßiger und endlicher Mensch zu sein mit seinen guten und auch seinen schlechten Seiten. Er hat das Recht, Fehler zu machen, zu sündigen, und hat das Recht, daß ihm auch in seinem Versagen vergeben wird. Aber noch weiter: Es wäre für Eheleute leichter zu überleben, wenn eine solche ohnedies vergängliche Ehe einmal stirbt, bevor ein Partner auch physisch stirbt. Der Tod würde nur einige Zeit vorausgenommen werden. Natürlich bleibt dies eine menschliche Katastrophe, weil das tiefste Leiden des Menschen jenes an seiner Endlichkeit ist. Aber eben dieser Schmerz am Vergehen, zumal am frühzeitigen Tod einer Liebe, könnte dann auch noch einmal relativiert werden.
Auf dem Hintergrund solcher theologisch-widerspenstigen Gedanken könnte dann eines Tages ein Papst an die Menschen guten Willens schreiben: „Leute, natürlich ist die Ehe gut und wichtig, sie ist eine der vorzüglichsten Gaben Gottes an uns. Macht daher alles, um mit diesem Geschenk Gottes behutsam und verantwortlich umzugehen. Lebt eure Ehe so, daß eine Scheidung nicht in Frage kommt: denn so könnt ihr einander viel Leid und Elend ersparen. Und davon gibt es in diesem Leben ohnedies zuviel. Aber wenn dann einmal eine Ehe trotz guten Willens, ja vielleicht auch aus der in unserem Herzen nicht ausrottbaren Selbstsucht, die unserer Daseinsangst entspringt und durch unseren Unglauben nicht hinlänglich gezähmt wird, zerbricht, dann ist das für euch auch nicht das hoffnungslose Ende. Das Leben geht weiter. Und gut für den, der in den guten Tagen seiner Ehe

gelernt hat, sein Leben nicht nur an die Ehe zu knüpfen, sondern sich von Gott herausführen ließ in das weitere Beziehungsnetz von Brüdern und Schwestern in der Christengemeinde. Er wird dann nämlich nicht bodenlos abstürzen, wenn das Seil seiner Ehe reißt. Vielmehr wird er aufgefangen von jener geschwisterlichen Gemeinschaft von Menschen, die der Glaube an den einen Gott aller Menschen von innen her verknüpft. Und dann hat jenes Leben in Frieden auch bei einem Geschiedenen Chancen: und eben dazu hat Gott uns alle berufen" (1 Kor 7,15).